Living in Morocco
Vivre au Maroc

Living in Morocco
Vivre au Maroc

Barbara & René Stoeltie

EDITED BY · HERAUSGEGEBEN VON · SOUS LA DIRECTION DE

Angelika Taschen

TASCHEN

SOMMAIRE
CONTENTS
INHALT

AMANJENA

Marrakech – Menara

En fait, rien dans cet endroit exceptionnel ne ressemble à l'idée que l'on peut se faire d'un hôtel. Situé à quelques kilomètres de Marrakech, l'Amanjena – «Aman» vient de l'indonésien et signifie «paisible», «Jena» de l'arabe et signifie «paradis» – doit son existence à Adrian Zecha, le «cerveau» de la chaîne des hôtels Aman, et son architecture exceptionnelle à l'architecte américain Ed Tuttle. S'inspirant des tombeaux saadiens au cœur de Marrakech, Tuttle a construit un véritable palais composé d'une quarantaine de maisons groupées autour d'un bassin immense bordé de palmiers et d'une piscine tapissée de zelliges couleur turquoise. Quelques maisons possèdent une piscine privée, d'autres un bassin où le jet d'eau murmure doucement, et toutes sont agrémentées d'une menzeh équipée de lits de repos à l'orientale et où il fait bon se réfugier après une journée épuisante dans les souks. Côté gastronomie, les hôtes peuvent choisir entre la cuisine traditionnelle marocaine, des spécialités Thaï et une cuisine internationale. A déguster le soir au milieu de centaines de lanternes éclairées à la bougie et au son envoûtant de la musique andalouse.

DOUBLE PAGE PRECEDENTE: *une vue spectaculaire de la partie principale de l'hôtel Amanjena dont la silhouette élégante se reflète dans l'eau du Grand Bassin.*
A GAUCHE: *Sous l'arcade qui borde la piscine, des musiciens jouent de la musique andalouse.*

PREVIOUS PAGES: *a spectacular view of the Hotel Amanjena, with the building's elegant silhouette reflected in the water of the "Grand Bassin".*
LEFT: *Musicians playing Andalusian music under the arches by the swimming pool.*

VORHERGEHENDE DOPPELSEITE: *ein spektakulärer Blick auf den Haupttrakt des Hotels Amanjena, dessen elegante Silhouette sich im Wasser des großen Bassins spiegelt.*
LINKS: *Unter den Arkaden entlang des Swimmingpools spielen Musiker andalusische Melodien.*

A DROITE: *le patio d'une maison-piscine.* DOUBLE PAGE SUIVANTE: *Le canal mène à un pavillon d'une grande pureté architecturale.*

RIGHT: *the patio of a house with swimming-pool.* FOLLOWING PAGES: *A canal leads to a pavilion of striking architectural purity.*

RECHTS: *der Patio eines Hauses mit Pool.* FOLGENDE DOPPELSEITE: *Der Kanal führt zu einem Pavillon von großer architektonischer Klarheit.*

Nothing in this remarkable establishment in any way corresponds to what you might normally expect of a hotel. The Amanjena-Aman hotel is a few kilometres outside Marrakesh; the word "aman" means peaceful in Indonesian, "jena" in Arabic means paradise. The building so named owes its existence to Adrian Zecha, the mastermind of the Aman hotel chain, and its remarkable design is the work of the American architect Ed Tuttle. Taking his inspiration from the Saadi tombs in the middle of Marrakesh, Tuttle built a veritable palace made up of about forty houses grouped around an immense pond edged with palm trees and a swimming pool tiled with turquoise "zelligs". Some of the buildings have swimming pools of their own; others have fountains and "bassins" with water murmuring through them. Each has its "menzeh" complete with day beds, where you can retire after an exhausting day spent in the souks. Guests can also choose between traditional Moroccan cuisine, Thai specialities and international food – all of it served in the evening by the light of hundreds of candle-lamps, to the accompaniment of Andalusian music.

An diesem außergewöhnlichen Ort entspricht eigentlich nichts der Vorstellung, die man sich von einem Hotel macht. Das Amanjena liegt ein paar Kilometer außerhalb von Marrakesch; »aman« bedeutet auf Indonesisch »friedlich«, das arabische »jena« heißt übersetzt »Paradies«. Es verdankt seine Existenz Adrian Zecha, dem »Kopf« der Aman-Hotelkette, und seine besondere Gestalt dem amerikanischen Architekten Ed Tuttle. Angeregt von den Saaditengräbern im Zentrum von Marrakesch hat Tuttle einen regelrechten Palast gebaut. Rund vierzig Häusern gruppieren sich um ein riesiges, von Palmen gesäumtes Teichbassin und einen Swimmingpool, der mit türkisfarbenen »zelliges« ausgekleidet wurde. Einige Häuser sind mit einem eigenen Pool ausgestattet, andere mit einem Springbrunnen, in dem ein leiser Wasserstrahl plätschert, und alle sind mit einer »menzeh« versehen, in dem die orientalischen Liegen nach einem anstrengenden Tag in den Souks zum Ausruhen einladen. Die Gastronomie bietet den Gästen die Wahl zwischen traditioneller marokkanischer Küche, thailändischen Spezialitäten und internationalen Speisen – das Essen kann abends im Licht Hunderter kerzenbeleuchteter Laternen und unter den bewegenden Klängen andalusischer Musik genossen werden.

La colonnade qui mène à la piscine, à la terrasse du restaurant et à l'ensemble des Maisons-Bassin.

The colonnade leading to the swimming pool, the restaurant terrace and the complex of houses beside the Grand Bassin.

Der Säulengang, der zum Pool, zur Terrasse des Restaurants und zum Komplex der mit Bassins ausgestatteten Häuser führt.

A DROITE: *l'entrée impressionnante avec son patio et ses fontaines en marbre couleur jade.*
DOUBLE PAGE SUIVANTE: *Ici, tout invite à la détente: l'architecture inspirée de celle des tombeaux saadiens à Marrakech, l'odeur des pétales de roses et un tajine d'agneau et d'abricots préparé par le chef Jarar Mustapha.*

RIGHT: *the imposing entrance, with its patio and jade-coloured marble fountains.*
FOLLOWING PAGES: *The architecture of the hotel was inspired by the Saadi tombs of Marrakesh; in combination with the omnipresent scent of rose petals and the odour of a lamb and apricot "tajine" prepared by chef Jarar Mustapha, it has a strangely soothing effect.*

RECHTS: *der beeindruckende Eingangsbereich mit Patio und jadefarbenen Springbrunnen.*
FOLGENDE DOPPELSEITE: *Hier lädt alles zur Entspannung ein: Die von Saaditengräbern in Marrakesch inspirierte Architektur, der Duft der Rosenblätter und ein »tajine« mit Lamm und Aprikosen, das der Küchenchef Jarar Mustapha zubereitet hat.*

Ed Tuttle a engagé les meilleurs artisans pour créer une ambiance de rêve. Dans le patio près du bar, les luminaires sont signés Moulay Youssef – «Premier Artisan du Maroc» – et les bancs sont habillés d'un tissu somptueux de chez «Clothes of Gold».

Ed Tuttle hired the best craftsmen available to create his dreamlike ambience. In the patio near the bar, the lamps are by Moulay Youssef, who won the prize for Morocco's outstanding artisan; the benches are upholstered with a splendid fabric from "Clothes of Gold".

Um diese traumhafte Atmosphäre zu schaffen, hat Ed Tuttle die besten Handwerker engagiert. Im Innenhof neben der Bar stehen Leuchter, die von dem herausragenden marokkanischen Gestalter Moulay Youssef stammen. Die Bänke sind mit einem prächtigen Stoff aus dem Hause »Clothes of Gold« bezogen.

PAGE DE GAUCHE: *L'ambiance des intérieurs repose sur le calme visuel et une palette de tons chauds qui combine le jade des zeiliges, le rouge des tapis et l'ocre des murs.*
CI-DESSUS: *une vue du restaurant.*
A DROITE: *l'ambiance intime dans une des maisons donnant sur le Grand Bassin.*
DOUBLE PAGE SUIVANTE: *L'odeur des pétales de roses se marie à merveille à celle du bois de cèdre sculpté.*

LEFT: *The ambience of the interiors depends on visual serenity and a range of warm colour tones blending green "zelligs" with red carpets and ochre walls.*
ABOVE: *a view of the restaurant.*
RIGHT: *the intimate atmosphere of one of the houses by the Grand Bassin.*
FOLLOWING PAGES: *The scents of rose petals and carved cedar wood are blended to perfection.*

LINKE SEITE: *Das Ambiente der Innenräume setzt auf visuelle Ruhe und warme Töne, vom Jadegrün der »zelliges«, über das Rot der Teppiche bis zum Ockergelb der Wände.*
OBEN: *ein Blick in das Restaurant.*
RECHTS: *die intime Atmosphäre in einem der auf den großen Teich ausgerichteten Häuser.*
FOLGENDE DOPPELSEITE: *Der Duft der Rosenblätter vermischt sich wunderbar mit dem des geschnitzten Zedernholzes.*

Bled Roknine

Christine et Abdelaziz Alaoui

Marrakech – La Palmeraie

Il n'y a pas si longtemps, les habitations étaient rares à la Palmeraie de Marrakech et les villas somptueuses plus encore. De nos jours, le «happy few» cherche refuge derrière de hauts murs et des portails bien gardés, dans des constructions qui se veulent spectaculaires. Mais rien n'égale l'allure de la villa de Christine et Abdelaziz Alaoui, un bâtiment imposant qui ressemble à un paquebot de luxe des années 1930, échoué dans cette terre rousse et aride traversée de «khettaras», ces galeries séculaires qui drainent l'eau de la nappe phréatique et l'acheminent vers les terres cultivées. Les Alaoui ont acheté la propriété en 1990 et n'ont cessé depuis de l'embellir de meubles, de tableaux, de bibelots et d'objets d'art. De nos jours, la salle à manger abrite le célèbre mobilier Art Déco provenant de la Villa Taylor, ancienne propriété de feu la Comtesse de Breteuil qui réunissait autour de sa table des invités de marque nommés Winston Churchill, Ava Gardner, Malcolm Forbes et Yves Saint Laurent. C'est le décor rêvé pour un portrait de Pierre Loti en dandy et pour la collection de photos des Alaoui qui comprend des œuvres majeures d'Alfred Stieglitz, Edward Steichen et Nadar.

Du sommet de la tour située près de la piscine, on a une vue imprenable sur La Palmeraie.

A majestic view of La Palmeraie, from the tower by the swimming pool.

Vom Gipfel des Turms ganz in der Nähe des Swimmingpools hat man eine unverbaubare Aussicht auf La Palmeraie.

La villa reflète ses formes épurées dans l'eau calme du bassin.

The villa's pure outline reflected in the calm surface of the pool.

Auf der ruhigen Oberfläche des Wasserbeckens spiegeln sich die klaren Formen der Villa.

Not so long ago, La Palmeraie in Marrakesh had few residents and fewer grand villas. Today, more and more wealthy people are taking refuge there, in buildings of great splendour behind high walls and heavily-guarded gates. But none of these can rival the allure of the villa of Christine and Abdelaziz Alaoui. At first sight their home resembles a 1930's ocean liner stranded in the red, arid landscape criss-crossed by "khettaras" – the centuries-old conduits which carry underground water to the cultivated fields. The Alaouis bought their property in 1990 and have been decorating it ever since with fine furniture, paintings, and art objects. Their dining room contains the Art Deco furniture from the Villa Taylor, formerly owned by the Comtesse de Breteuil, whose guests at various times included Sir Winston Churchill, Ava Gardner, Malcolm Forbes and Yves Saint Laurent. This décor is perfect for the Alaouis' portrait of Pierre Loti as a dandy and their collection of photographs by such masters as Alfred Stieglitz, Edward Steichen and Nadar.

L'escalier en colimaçon qui mène à la terrasse située au sommet de la tour.

The spiral staircase leading to the tower terrace.

Die Wendeltreppe führt zur Terrasse auf dem Turm.

Vor gar nicht so langer Zeit waren in der Palmeraie von Marrakesch Wohnungen selten, und prächtige Villen erst recht. Heute suchen die »happy few« Zuflucht hinter den hohen Mauern und wohl bewachten Toren von durchaus Aufsehen erregenden Bauten. Keiner davon aber erreicht die Eleganz der Villa von Christine und Abdelaziz Alaoui. Das stattliche Gebäude ähnelt einem Luxusliner der 1930er Jahre, gestrandet auf diesem trockenen rötlichen Boden, der von »khettaras« durchzogen ist, Jahrhunderte alten Stollen, die das Grundwasser dränieren und auf die Anbauflächen lenken. Die Alaoui haben das Anwesen 1990 erworben und es seither mit Möbeln, Bildern und Kunstobjekten verschönert. Das Esszimmer ist mit dem berühmten Art-déco-Mobiliar aus der Villa Taylor eingerichtet, dem früheren Besitz der verstorbenen Comtesse de Breteuil, die um ihren Tisch so illustre Gäste wie Winston Churchill, Ava Gardner, Malcolm Forbes und Yves Saint Laurent versammelte. Der ideale Rahmen für ein Porträt von Pierre Loti als Dandy und für die Fotosammmlung des Paares, die hochkarätige Werke von Alfred Stieglitz, Edward Steichen und Nadar enthält.

Dans le hall d'entrée impressionnant, le regard est attiré par un très beau meuble Art Déco signé Louis Majorelle.

In the hallway, a fine piece of Art Deco furniture signed by Louis Majorelle.

In der eindrucksvollen Eingangshalle fällt der Blick auf ein sehr schönes Art-déco-Möbelstück von Louis Majorelle.

PAGE DE GAUCHE: *L'escalier, tel un ruban ondulant, s'élance vers les étages et le lanterneau. La rampe en métal accentue l'élégance du mouvement.*
A DROITE: *Dans le salon, les Alaoui ont opté pour des fauteuils de cuir «beurre frais», beaux et confortables, qui sont des rééditions d'un siège original de Jacques-Emile Ruhlmann.*

FACING PAGE: *Ribbonlike, the staircase undulates towards the upper floors and the lantern, a metal handrail accentuating its elegant fluidity.*
RIGHT: *In the salon, the Alaouis have opted for comfortable butter-coloured armchairs, beautiful copies of an original by Jacques-Emile Ruhlmann.*

LINKE SEITE: *Wie ein gewelltes Band schwingt die Treppe sich dem Oberlicht entgegen. Das Metallgeländer akzentuiert die Eleganz dieser Bewegung.*
RECHTS: *Das Wohnzimmer schmücken die bequemen hellgelben Neuauflagen eines Originalsessels von Jacques-Emile Ruhlmann.*

DOUBLE PAGE PRECEDENTE: *Les Alaoui sont particulièrement fiers de leur salle à manger Art Déco en chêne, qui provient de la célèbre Villa Taylor à Marrakech.*
A GAUCHE ET PAGE DE DROITE: *La salle de bains témoigne d'un goût luxueux, caractéristique de l'entre-deux-guerres, qui se reflète dans le choix sophistiqué de différents marbres.*

PREVIOUS PAGES: *The Alaouis are especially proud of their Art Deco oak dining room, which began life at the famous Villa Taylor in Marrakesh.*
LEFT AND FACING PAGE: *The bathroom, where the lavish taste of the period between the two world wars is evident in the sophisticated blend of different marbles.*

VORHERGEHENDE DOPPELSEITE: *Besonders stolz sind die Alaoui auf ihr mit Art-déco-Eichenmöbeln ausgestattetes Esszimmer, das aus der berühmten Villa Taylor in Marrakesch stammt.*
LINKS UND RECHTE SEITE: *Die raffinierte Auswahl verschiedener Marmorsorten im Badezimmer zeugt von dem luxuriösen Stilbewusstsein der Zeit zwischen den Kriegen.*

Elie Mouyal

Marrakech – La Palmeraie

L'architecte marocain Elie Mouyal est considéré comme l'un des grands maîtres de l'architecture rustique traditionnelle et jouit d'une renommée internationale. Son nom évoque les constructions à base de matériaux tels que le pisé et la brique, que Mouyal a su adapter avec talent et une sensibilité particulière au vocabulaire architectural d'aujourd'hui. Pour lui, pas de béton, d'acier et de verre mais – à l'instar d'un pionnier comme Charles Boccara – des maisons dont les murs empruntent leur couleur au sable du désert, avec des rondins d'Eucalyptus en guise de poutres, des cheminées aux formes organiques en brique et en tadelakt et des portes robustes qui témoignent que le 21e siècle ne nous condamne pas à vivre dans des logements stériles et sans âme. Caché tout au fond de la Palmeraie, là où jadis les guerriers de Youssef Ibn Tachfine ont créé une forêt de palmiers en mangeant des dattes – les noyaux qu'ils crachaient tombèrent dans les trous percés par leurs lances –, Mouyal protège jalousement sa propre maison de campagne construite entre 1996 et 1999, où son épouse et lui s'entourent de tout ce qui les émeut sur le plan esthétique.

DOUBLE PAGE PRECEDENTE: *la Palmeraie, un ensemble créé par l'homme, d'une splendeur insolite et sauvage.*
A GAUCHE: *Des consoles de bois sculpté et peint ornent l'angle d'une pièce.*

PREVIOUS PAGES: *the Palmeraie, a place of wild natural beauty though entirely the work of man.*
LEFT: *carved and painted consoles in the corner of a room.*

VORHERGEHENDE DOPPELSEITE: *der von Menschenhand geschaffene Palmenhain in seiner einzigartigen wilden Pracht.*
LINKS: *Geschnitzte und bemalte Wandkonsolen aus Holz schmükken die Ecke eines Raumes.*

Les murs de la cour intérieure se parent d'ombres intéressantes sous le soleil.

The sun casts fascinating shadows in the inner courtyard.

Die Sonne zaubert interessante Schatten an die Wände des Innenhofs.

The Moroccan architect Elie Mouyal is considered to be one of the principal masters of traditional rustic architecture, and is internationally famous as such. His name is linked to structures built using materials like "pisé" and brick, which he adapts with great flair and sensitivity to the architectural vocabulary of the present day. He won't use concrete, steel or glass; instead, like the pioneer Charles Boccara, he builds houses whose walls borrow their hues from the desert sand, with Eucalyptus logs for beams, brick and "tadelakt" fireplaces with organic shapes, and robust doors that demonstrate that the 21st century need not condemn us to live in sterile, soulless boxes. Hidden deep in the Palmeraie, where the warriors of Youssef Ibn Tashfine planted the groves by eating dates and spitting the pips into holes made with their lances – Mouyal jealously protects his own country residence, built between 1996 and 1999, where he and his wife live surrounded by beautiful things.

Der marokkanische Architekt Elie Mouyal gilt, auch international, als einer der großen Meister der traditionellen rustikalen Bauweise. Sein Name ist verbunden mit Konstruktionen aus Lehm und Backstein, die er mit besonderem Talent und Feingefühl für die moderne architektonische Formensprache nutzbar gemacht hat. Mouyal verwendet keine Materialien wie Beton, Stahl und Glas, sondern baut – nach dem Vorbild eines Pioniers wie Charles Boccara – Häuser, deren Fassadenfarbe an den Wüstensand erinnert und deren Tragkonstruktion aus Eukalyptusstämmen besteht. Organisch geformte Kamine aus Backstein und »tadelakt« sowie robuste Türen sind ein Beleg dafür, dass das 21. Jahrhundert uns nicht dazu verdammt, in sterilen, seelenlosen Behausungen zu leben. Verborgen im tiefsten Inneren des Palmenhains, dort wo die Krieger Youssef Ibn Taschfin einst Datteln essend die Pflanzung anlegten (sie spuckten die Kerne in die Löcher, die sie mit ihren Lanzen bohrten), hütet Mouyal eifersüchtig eines seiner bedeutendsten Bauwerke: das zwischen 1996 und 1999 errichtete Landhaus, in dem seine Frau und er sich mit allem umgeben, was sie schön finden.

Les meubles de jardin en fer forgé peint en bleu Majorelle contrastent de manière surprenante avec le décor végétal.

Blue Majorelle wrought iron garden furniture, contrasting with the vegetable décor.

Die in Majorelle-Blau gestrichenen schmiedeeisernen Gartenmöbel passen gut zu den verschlungenen Pflanzen.

A DROITE: *Pour le petit salon, Mouyal a dessiné une cheminée ovoïde. Le mobilier traditionnel est agrémenté de décors dans le style des moucharabiehs.*
DOUBLE PAGE SUIVANTE: *murs en tadelakt, murs en terre … La palette chatoyante de Mouyal s'harmonise avec le bouquet de fleurs qui orne la petite table en fonte de la cuisine et avec le lit surélevé d'une chambre d'amis.*

RIGHT: *For the small salon, Mouyal designed an egg-shaped fireplace. The traditional furniture is backed by a décor in the same style as the "moucharabiehs".*
FOLLOWING PAGES: *Mud and "tadelakt" walls … Mouyal's brilliant colour scheme harmonises well with the bunch of flowers on the cast iron kitchen table and the raised bed in the guest room.*

RECHTS: *Für den kleinen Salon hat Mouyal einen ovalen Kamin entworfen. Das traditionelle Mobiliar ist mit »moucharabiehs« verziert.*
FOLGENDE DOPPELSEITE: *Mit »tadelakt« verputzte Mauern, Mauern aus Lehm … Die schillernde Farbpalette in Mouyals Haus harmoniert mit dem Blumenstrauß, der den schmiedeeisernen kleinen Tisch in der Küche schmückt, und dem Bett auf einem Podest in einem Gästezimmer.*

Les murs de la cuisine sont revêtus de carrelages traditionnels. Le rangement au-dessus de l'évier est en bois de cèdre sculpté et le sol est orné d'un tapis de zelliges.

The walls of the kitchen are covered in traditional tiles. The shelf above the sink is made of carved cedar wood and the floor is done with "zelligs" throughout.

Die Wände der Küche sind mit traditionellen Fliesen verkleidet. Die Ablage über der Spüle ist aus Zedernholz geschnitzt und der Boden ist mit »zelliges« belegt.

A GAUCHE: *Dans une chambre, le lit-divan est habillé d'une toile à matelas rayée. Le pouf traditionnel, bicolore, est garni de cuir.*
PAGE DE DROITE: *Dans la salle de bains, le sol, les murs et la baignoire sont en tadelakt couleur miel. Mouyal l'a éclairé en construisant une voûte en briques agrémentée d'un lanterneau.*

LEFT: *In one of the bedrooms, the sofa bed is upholstered with striped mattress ticking. The twin-toned traditional pouf is covered with leather.*
FACING PAGE: *Floor, walls and tub in the bathroom are all surfaced with honey-coloured "tadelakt". Mouyal solved the lighting problem here by building a brick arch to contain a skylight.*

LINKS: *Mit gestreiftem Matratzenstoff bezogen ist der Bettdivan in einem der Zimmer. Der traditionell zweifarbige Puff ist mit Leder umhüllt.*
RECHTE SEITE: *Boden, Wände und Wanne im Badezimmer sind mit honigfarbenem »tadelakt« verputzt. Das Licht fällt durch das Oberlicht im Backsteingewölbe ein.*

Bill Willis

Marrakech – Sidi Bel Abbes

Le nom de Bill Willis, natif de Memphis, Tennessee, restera toujours lié à celui de Marrakech. En effet, selon certains, ce décorateur de renom a mis le «style marocain» au goût du jour, donnant des lettres de noblesse à la très ancienne technique du tadelakt – un enduit à la chaux, coloré, ciré et lissé au savon noir, utilisé pour les murs et parfois les sols –, aux murs en briques apparentes et aux cheminées monumentales surmontées de dômes en bulbe. Willis évoque avec humour ses études aux Beaux-Arts de Paris et à la Cooper Union Design School de New York, ses années chez la formidable Roselyne Rosier dans la 57e rue et son propre magasin de décoration ouvert en 1962, via Gregoriana à Rome. Pourtant c'est à Marrakech qu'il s'est établi définitivement. Venu en touriste avec Paul Getty junior, Bill s'est installé par la suite au cœur de la médina, dans un petit palais ayant abrité un harem. Dans cette demeure qu'il a meublée avec un goût de grand seigneur, il reçoit des visiteurs venus du monde entier et veille sur un carnet d'adresses contenant les noms des Rockefeller, des Paley et des Rothschild – et de tous ceux qui ne jurent que par lui et son œil exceptionnel.

Les robinets de l'évier de la cuisine sont couronnés de petites tortues en cuivre.

The taps of the kitchen sink are crowned with little copper turtles.

Die Wasserhahngriffe an der Küchenspüle bestehen aus kleinen kupfernen Schildkröten.

Un coin du balcon avec ses plantes en pot et ses portes-fenêtres décorées d'un treillage en bois à motifs géométriques.

A corner of the balcony: potted plants and window embrasures decorated with geometrical wooden trelliswork.

Eine Ecke des Balkons mit Topfpflanzen und den mit einem geometrischen Gitterwerk geschmückten Fenstertüren.

The name of Bill Willis, born in Memphis, Tennessee, will always be linked to Marrakesh. According to some people, the legendary decorator was largely responsible for bringing the Moroccan style up-to-date, and for popularizing the ancient technique of "tadelakt" – a lime rendering, coloured, waxed and smoothed off with black soap, which is used in Morocco for walls and sometimes for floors – as well as exposed brickwork and monumental fireplaces topped with onion domes. Willis can be hilarious when he talks about his studies at the Paris Beaux-Arts and the Cooper Union Design School in New York, his years with the formidable Roselyne Rosier on 57th Street, and his own decoration shop which opened in 1962 on Via Gregoriana in Rome. But it was in Marrakesh that he finally settled for good, in a small harem palace at the heart of the Medina, after first going there as a tourist with Paul Getty Junior. Furnished in the true aristocratic style, the house receives a constant stream of visitors from all over the world; among Willis's many friends are people with names like Rockefeller, Paley and Rothschild, and every one of them is ready to swear by him and by his exceptional eye.

Un mascaron en tête de lion laisse couler l'eau d'une fontaine.

A fountain with a waterspout in the shape of a lion's head.

Das Wasser fließt aus einer Löwenkopfmaske in den Brunnen.

Der Name des in Memphis, Tennessee, geborenen Innenarchitekten Bill Willis wird immer mit Marrakesch verbunden bleiben. Denn nach Meinung vieler hat der bekannte Gestalter den »marokkanischen Stil« auf die Höhe der Zeit gebracht. Er hat nicht nur die uralte Technik des »tadelakt« – ein auf die Wände und manchmal auch auf den Boden aufgetragener, gefärbter, gewachster und mit Schmierseife geglätteter Kalkverputz – wieder belebt, sondern auch unverputzte Backsteinwände und von zwiebelförmigen Hauben überwölbte monumentale Kamine salonfähig gemacht. Willis erzählt mit viel Humor von seinem Studium an der Pariser Kunstakademie und an der Cooper Union Design School in New York, von seinen Jahren bei der großartigen Roselyne Rosier in der 57th Street und dem Ausstattungsgeschäft, das er 1962 an der Via Gregoriana in Rom eröffnet hatte. Endgültig niedergelassen aber hat er sich in Marrakesch. Als Tourist mit Paul Getty junior in die Stadt gekommen, bezog er später mitten in der Medina einen kleinen Palast, der einmal einen Harem beherbergt hatte. In diesem Haus, das er mit dem Geschmack eines Grandseigneurs eingerichtet hat, empfängt er Besucher aus aller Welt und hütet ein Adressbuch, das Namen wie Rockefeller, Paley und Rothschild enthält – aber auch all die vielen Kunden, die ganz auf ihn und sein einzigartiges Auge schwören.

PAGE DE DROITE: *Le somptueux lit de repos et le canapé couvert de coussins témoignent d'un grand sens du confort.*

FACING PAGE: *A sumptuous daybed and a sofa strewn with cushions demonstrate Willis's fondness for serious comfort.*

RECHTE SEITE: *Die prächtige Liege und das mit Kissen bedeckte Kanapee zeugen von großem Sinn für Behaglichkeit.*

CI-DESSUS: *Les panneaux vitrés du séjour donnent à la pièce une allure de jardin d'hiver.*
A DROITE: *un fragment de statue romaine et une paire de chenêts en bronze.*

ABOVE: *The glassed-in living room, almost a jardin d'hiver.*
RIGHT: *a fragment of a Roman statue and a pair of bronze andirons.*

OBEN: *Die großen Glasflächen im Wohnzimmer lassen den Raum wie einen Wintergarten erscheinen.*
RECHTS: *das Fragment einer römischen Statue und zwei bronzene Feuerböcke.*

A DROITE: *devant la cheminée du séjour, des sièges indiens en bois sculpté et la table à thé traditionnelle.*
DOUBLE PAGE SUIVANTE: *Dans l'ancien harem, les tableaux représentant le maître de maison ne sont pas rares.*
PAGES 52 ET 53: *Au bout du couloir qui mène à la cuisine, un des chiens de Bill sommeille. De la cuisine, on aperçoit la cheminée de la petite salle à manger.*

RIGHT: *carved wooden furniture from India and a traditional tea table in front of the living room fireplace.*
FOLLOWING PAGES: *portraits of Bill Willis in the former harem.*
PAGES 52 AND 53: *One of Bill's dogs, asleep at the end of the corridor leading to the kitchen; beyond, the dining room fireplace.*

RECHTS: *vor dem Kamin im Wohnzimmer indische Sessel aus geschnitztem Holz und ein traditioneller Teetisch.*
FOLGENDE DOPPELSEITE: *Im ehemaligen Harem sind Gemälde, die den Hausherrn zeigen, keine Seltenheit.*
SEITE 52 UND 53: *Am Endes des Korridors zur Küche schlummert einer von Bills Hunden. Von der Küche aus sieht man den Kamin im kleinen Esszimmer.*

Le Palais Ayadi

Marrakech – Bab-el-Khemis

L'imposant palais Ayadi – bâti par le caïd El Ayadi à l'aube du 20e siècle près de la porte Bab-el-Khemis – occupe une place importante dans la médina de Marrakech. Une partie du palais est encore aujourd'hui la demeure d'un homme puissant, respecté de ses contemporains et à qui son immense fortune permit d'employer les meilleurs artisans et d'utiliser les plus beaux matériaux de construction. Marié à la fille du Pacha de Fès pour laquelle il fit agrandir plus tard les salles, le caïd malgré sa richesse ne put empêcher qu'une partie du palais se dégrade lentement. Mais comme toute ruine semble trouver des admirateurs décidés à lui restituer sa splendeur d'antan, l'ancien Palais de Justice a trouvé des acquéreurs en 1999 en la personne de l'architecte turc Mete Deniz – passionné par l'architecture islamique – et de sa compagne qui adore les tissus orientaux. Ils ont enrichi les beaux volumes du palais de nombreuses coupoles, d'une fontaine spectaculaire qui combine tadelakt et zelliges, d'une cheminée dans le style du Palais Topkapi à Istanbul et d'un amoncellement étonnant de canapés, de coussins, de rideaux et même d'un lit à baldaquin qui trahissent le goût exquis de la maîtresse de maison.

Le heurtoir de la lourde porte d'entrée a la forme d'une main de femme.

The knocker on the heavy front door, in the shape of a woman's hand.

Der Klopfer an der schweren Eingangstür hat die Form einer Frauenhand.

La piscine et l'architecture élégante du patio.

The patio, with its swimming pool and graceful architecture.

Das Schwimmbecken und die elegante Architektur des Innenhofs.

The great Ayadi Palace – built by the Caid El Ayadi around 1900 close to the Bab-el-Khemis Gate – occupies an important position in the Medina of Marrakesh. Part of the palace is still the residence of a very powerful man, much respected by his contemporaries, whose vast fortune enabled him to employ the best craftsmen and buy the most beautiful materials for the building. Married to the daughter of the Pasha of Fez, for whom he had the palace enlarged, despite his wealth the Caid was unable to prevent a part of his palace from falling into slow decay. But since every ruin today seems to attract admirers of one sort or another who are determined to restore them to their former glory, the decrepit wing found a buyer in 1999 in the form of the Turkish architect Mete Deniz, a passionate lover of Islamic architecture – and his companion, who adores oriental fabrics. Together they enriched the beautiful spaces within the palace by adding domes galore, a spectacular fountain combining "tadelakt" and "zelligs", a fireplace in the purest style of the Topkapi Palace in Istanbul, a profusion of sofas, cushions, curtains – and even a four-poster bed, which attests to the faultless taste of the lady of the house.

Dans le patio, la table est mise: les verres en cristal gravé ont appartenu à Nicolas II, le dernier tsar de Russie.

A table set in the patio: the crystal glasses once belonged to Tsar Nicolas II.

Im Patio ist der Tisch gedeckt: die ziselierten Kristallgläser gehörten einst Nikolaus II., dem letzten russischen Zaren.

Das imposante Palais Ayadi, das der Caid El Ayadi um 1900 nahe dem Stadttor Bab-el-Khemis erbauen ließ, nimmt in der Medina von Marrakesch einen bedeutenden Platz ein. Ein Teil des Palastes ist auch heute noch die Residenz eines mächtigen, von seinen Zeitgenossen geehrten Mannes, der über ein so riesiges Vermögen verfügte, dass er die besten Handwerker und die schönsten Materialien für dessen Bau einsetzen konnte. Für seine Frau, die Tochter des Paschas von Fes, ließ er die Räumlichkeiten später noch erweitern. Doch trotz seines Reichtums konnte der Caid nicht verhindern, dass ein Teil des Palais allmählich verfiel. Da aber Ruinen stets Bewunderer anziehen, die entschlossen sind, ihnen ihre einstige Pracht zurückzugeben, fand auch der ehemalige Justizpalast 1999 Käufer: den von der islamischen Baukunst faszinierten türkischen Architekten Mete Deniz und seine Lebensgefährtin, die sich für orientalische Webstoffe begeistert. Die schönen Räume des Palasts haben die beiden mit zahlreichen Kuppeln, mit einem traumhaften in »tadelakt«- und »zelliges«-Technik errichteten Springbrunnen, mit einem Kamin im Stil des Topkapi-Palasts in Istanbul sowie mit einer erstaunlichen Menge von Kanapees, Kissen, Vorhängen und sogar einem Himmelbett versehen. Alle das zeugt von dem erlesenen Geschmack der Hausherrin.

A GAUCHE: *Deniz a fait construire devant la fontaine un magnifique petit pavillon qui s'inspire des anciens «pavillons à la turque».*
PAGE DE DROITE: *La grande fontaine, imaginée et réalisée par l'architecte est d'une beauté irréelle, combinant des motifs traditionnels marocains à la splendeur des palais ottomans.*

LEFT: *A magnificent small pavilion built by Deniz to face the fountain, inspired by the original Turkish-style pavilions.*
FACING PAGE: *the unearthly beauty of the fountain, which combines traditional Moroccan motifs with Ottoman splendour.*

LINKS: *Den wunderschönen kleinen Pavillon gegenüber des Springbrunnens hat Deniz im Stil historischer türkischer Pavillons errichten lassen.*
RECHTE SEITE: *In dem großen Springbrunnen hat der Architekt traditionelle marokkanische Motive mit der Prachtentfaltung osmanischer Paläste kombiniert.*

A DROITE: *Mete a décoré un coin du grand salon avec des sofas qui épousent la forme de la pièce et disparaissent sous un amoncellement de coussins. Les tissus dont ils sont revêtus font partie de la collection inestimable de tissus anciens de sa compagne.*
DOUBLE PAGE SUIVANTE: *Un lourd rideau en soie ancienne ferme la chambre à coucher. Prière de laisser ses chaussures près de la porte.*

RIGHT: *Mete has filled a corner of the grand salon with sofas that hug the shape of the room and vanish beneath mountains of cushions. The fabrics covering them were selected from his partner's priceless collection.*
FOLLOWING PAGES: *A heavy silk curtain closes off the bedroom. Shoes are left by the door.*

RECHTS: *Mete hat eine Ecke des großen Salons mit Sofas ausstaffiert, die sich den Raumformen anpassen und unter zahlreichen Kissen verschwinden. Die Bezugsstoffe stammen aus der wertvollen Sammlung alter Stoffe seiner Partnerin.*
FOLGENDE DOPPELSEITE: *Ein schwerer alter Seidenvorhang verschließt das Schlafzimmer. Es wird gebeten, die Schuhe an der Tür abzustellen.*

A DROITE: *Deniz a réalisé un décor théatrâl pour la chambre à coucher en l'enrichissant de murs en tadelakt décoré de bandes horizontales bicolores, d'une cheminée inspirée des «Mille et Une Nuits» et d'un lit romantique.*
DOUBLE PAGE SUIVANTE: *Un coussin en velours ancien représente l'emblème de l'empire turc sur fond d'étoiles. Le même croissant décore la lanterne qui éclaire une salle de bains jaune pâle.*

RIGHT: *Deniz devised a theatrical décor for the bedroom, with horizontal striped walls, a "Thousand and One Nights" fireplace and a romantic bed.*
FOLLOWING PAGES: *an antique velvet cushion with the insignia of the Turkish empire against a background of stars. The same crescent symbol adorns the lantern in the pale yellow bathroom.*

RECHTS: *Deniz hat das Schlafzimmer mit horizontal gestreiften »tadelakt«-Wänden, einem Kamin wie aus »Tausendundeiner Nacht« und einem romantischen Bett ausgestattet.*
FOLGENDE DOPPELSEITE: *ein altes Samtkissen mit dem Emblem des türkischen Reichs auf einem Sternenhintergrund. Sicheln schmücken auch die Laterne, die das blassgelbe Badezimmer beleuchtet.*

Dans les toilettes aux murs rayés bleu et blanc, Deniz, soucieux du moindre détail, a accroché un miroir en bois sculpté peint en blanc et un dessin ancien représentant un lion, le signe astrologique de la maîtresse de maison.

In the blue and white striped toilet, a carved wood mirror painted white and an old drawing of a lion – Leo being the owner's zodiac sign.

In der blau-weiß gestreiften Toilette hat Deniz unter einem Spiegel mit einem weiß lackierten Holzrahmen die Zeichnung eines Löwen – Sternzeichen der Hausherrin – aufgehängt.

LION

Hugo Curletto et Arnaud Marty-Lavauzelle

Marrakech – Mouassine

Le styliste argentin Hugo Curletto ne passe pas inaperçu dans les souks de Marrakech, car sa silhouette élancée domine la foule grouillante qui parcourt les ruelles de la médina. Ayant choisi Paris comme port d'attache, Curletto a fait une belle carrière dans le monde des magazines de mode. Les plus grands titres se l'arrachent et les plus célèbres photographes se félicitent de l'avoir à leurs côtés. Parcourant le monde avec une aisance naturelle, Hugo est tombé sous le charme de la vieille ville de Marrakech et n'a pas hésité à acquérir avec son partenaire Arnaud Marty-Lavauzelle un «dar» près de la Place Jama' el Fna. Comme bien d'autres avant eux, ils ont restauré leur demeure avec enthousiasme et opiniâtreté, rendant à cette construction traditionnelle le confort et l'allure qui l'avaient désertée depuis trop longtemps. Aujourd'hui la maison ravit par son originalité, par son patio tapissé de carrelages anciens, sa fontaine en étoile, son balcon au bougainvillée luxuriant, ses chambres dépouillées qu'embellissent des photos en noir et blanc et des meubles «sixties» et – surtout – par la présence de la fidèle Moulaïd, employée de maison berbère au rire contagieux et à la cuisine exquise.

Moulaïd, qui est une cuisinière incomparable, attend l'arrivée des invités.

Moulaid, an incomparable cook, awaits the guests.

Moulaïd, eine ausgezeichnete Köchin, erwartet die Gäste.

Un hommage fleuri sous le portrait du regretté roi Mohammed V.

A floral tribute to the late lamented King Mohammed V.

Eine Blumenhuldigung unter dem Bildnis des verstorbenen Königs Mohammed V.

The Argentine stylist Hugo Curletto is well-known in the alleys and souks of Marrakesh, where his tall silhouette is often to be seen striding through the Medina crowds. Having chosen Paris as his base, Curletto has eked out a successful career in the world of fashion, where the best magazines and photographers compete for his services. Hugo is natural and at ease wherever he goes in the world, and when he arrived in Marrakesh he and his partner Arnaud Marty-Lavauzelle quickly fell under the spell of the old city, buying a "dar" close to the Place Jama' el Fna. Like many others before them, they restored their new home with great enthusiasm and dedication, bringing it back to levels of comfort and style that seemed gone from it forever. Today, the house is delightful for its originality, its patio floor of beautiful old tiles, its star-shaped fountain, its bougainvillea-draped balcony, and its monastic bedrooms decorated with black-and-white photographs and sixties furniture. Best of all, there is Moulaid, the Berber housekeeper, with her infectious laughter and matchless cooking skills.

In den Souks von Marrakesch fällt der argentinische Stylist Hugo Curletto auf, denn seine hoch gewachsene Gestalt überragt das Gewimmel in den Straßen der Medina. Nachdem Paris seine Wahlheimat geworden war, machte Curletto eine beachtliche Karriere in den Modemagazinen. Die wichtigsten Zeitschriften reißen sich um ihn und die berühmtesten Fotografen schätzen sich glücklich, mit ihm arbeiten zu dürfen. Weltläufig wie er ist, erlag Curletto dem Charme der Altstadt von Marrakesch und zögerte nicht, mit seinem Partner Arnaud Marty-Lavauzelle ein »dar« in der Nähe des Platzes Jamaa el Fna zu kaufen. Wie so viele andere vor ihnen, haben die beiden ihren Wohnsitz mit Enthusiasmus und Beharrlichkeit restauriert und dem traditionellen Bauwerk Behaglichkeit und den lange vermissten Stil zurückgegeben. Heute besticht das Haus durch seine Originalität, durch den mit alten Fliesen ausgelegten Patio, den sternförmigen Springbrunnen, den üppig mit Bougainvillea bewachsenen Balkon, die geradlinigen, mit Schwarzweißfotografien und »Sixties«-Möbeln verschönerten Zimmer und – vor allem – die berberische Haushälterin Moulaïd mit ihrem ansteckenden Lachen und ihren vorzüglichen Kochkünsten.

Que deviendraient les maisons de Marrakech sans les roses et sans les carrelages à motifs géométriques?

What would the houses of Marrakesh be without roses and geometrical tiles?

Was wären die Häuser Marrakeschs ohne die Rosen und die farbenprächtigen Fliesen?

A DROITE: *Hugo et Arnaud n'ont pas voulu toucher aux carrelages anciens et aux peintures originales. Grâce à eux, la cour intérieure a gardé son charme d'antan.*
DOUBLE PAGE SUIVANTE: *Les fenêtres sont décorées de claustras en fer forgé et, sur l'eau du bassin en forme d'étoile, Moulaïd a posé des roses épanouies de toutes les couleurs.*

RIGHT: *Hugo and Arnaud have preserved the old tiles and paintwork, with the result that the patio has retained every ounce of its original charm.*
FOLLOWING PAGES: *The windows have wrought iron "claustras"; Moulaid has scattered roses of all colours over the star-shaped pool.*

RECHTS: *Hugo und Arnaud wollten die alten Fliesen und die Originalanstriche unangetastet lassen. Deshalb hat der Innenhof seinen ursprünglichen Charme behalten.*
FOLGENDE DOPPELSEITE: *Die Fenster sind mit schmiedeeisernen Schutzgittern versehen und auf das Wasser im sternförmigen Becken hat Moulaïd blühende Rosen in allen Farben gesetzt.*

Les fenêtres et les portes-fenêtres à l'étage donnent toutes sur un grand balcon envahi par le jasmin et la bougainvillée. Les stores le protègent du grand soleil.

The first floor windows all give onto a balcony invaded by jasmin and bougainvillea and shaded by awnings.

Die Fenstertüren im Obergeschoss führen alle auf einen von Jasmin und Bougainvillea überwucherten großen Balkon. Die Rollmatten schützen ihn vor der Mittagssonne.

PAGE DE GAUCHE: *Les rideaux en voile de coton indien rose vif contrastent avec les portes couleur de pistache.*
A DROITE: *Dans une chambre d'amis, le soleil s'attarde sur un lit couvert d'un plaid rayé rouge et pourpre.*

FACING PAGE: *bright pink Indian cotton curtains vividly contrasted with pistachio green doors.*
RIGHT: *In a guest room, the sunlight lingers on a bed with a red and purple plaid counterpane.*

LINKE SEITE: *Die leuchtend rosanen indischen Voile-Vorhänge heben sich von den pistazienfarbenen Türen ab.*
RECHTS: *Das Sonnenlicht im Gästezimmer bringt die Farben der rot-purpurnen Decke auf dem Bett zum Leuchten.*

DOUBLE PAGE PRECEDENTE: *Hugo et Arnaud ont décoré les chambres avec des trouvailles sans prétention. La couverture rose bonbon, le pouf en cuir rouge et le tapis marocain flamboyant créent une harmonie de couleurs surprenante.*
A DROITE: *Une des pièces du rez-de-chaussée a gardé ses carrelages muraux d'origine, mis en valeur par l'ensemble dépouillé que forment l'ottomane recouverte de satin, la table marocaine, le pouf et la lampe en papier des années 1950.*

PREVIOUS PAGES: *Hugo and Arnaud have decorated their bedrooms with unpretentious things they found themselves. Here, a pink coverlet, a red leather pouf and a flamboyant Moroccan rug create a surprising harmony of colours.*
RIGHT: *One of the ground floor rooms still has its original wall tiles, offset by a severe ensemble of satin-covered ottoman, Moroccan table, pouf and 1950's paper lamp.*

VORHERGEHENDE DOPPELSEITE: *Hugo und Arnaud haben die Räume mit einfachen Dingen ausgestattet. Die bonbonrosane Decke, der rote Lederpuff und der leuchtende marokkanische Teppich erzeugen eine überraschende Farbharmonie.*
RECHTS: *In einem der Räume im Erdgeschoss sind die Originalwandfliesen erhalten geblieben. Sie kommen hinter der mit Satin bezogenen Ottomane, dem marokkanischen Tisch und der Papierlampe aus den 1950er Jahren besonders gut zur Geltung.*

Ministero del Gusto

Alessandra Lippini et Fabrizio Bizzarri

Marrakech – Mouassine

Alessandra Lippini a l'élégance naturelle des femmes de son pays – l'Italie – et celui qui l'a vue se promener dans les ruelles de la médina de Marrakech, accompagnée de son fidèle jack-russell Ugo, agitant sa chevelure bouclée et les bijoux d'inspiration ethnique qui portent sa signature, comprend ce que sont la classe et le chic. Installée depuis 1996 à Marrakech dans le quartier de Mouassine, dont elle s'est éprise à l'occasion d'un reportage photographique pour «Vogue», cette ex-styliste de mode, épouse du photographe Nadir Naldi, a préféré se lancer dans l'architecture intérieure et la décoration. Et c'est en fondant le Ministero del Gusto avec son compatriote Fabrizio Bizzarri, lui-même artiste, designer et vidéaste, qu'elle a enfin pu prouver son talent et son originalité. Apparemment, ce duo ne jure que par ce qui sort de l'ordinaire: des formes architecturales aux accents ethniques, des couleurs terre apparentées aux ocres de Marrakech, des œuvres de l'art contemporain et des produits de l'artisanat marocain, le design des «sixties», les masques africains et tout ce qui peut évoquer l'ambiance unique en son genre qui règne dans la médina.

Détail d'un mur en stuc orné de symboles imaginés par le Ministero.

Detail of a stucco wall with symbols designed by the Ministero.

Detail einer mit Symbolen geschmückten Stuckwand, von Ministero entworfen.

Un détail de l'escalier avec sa balustrade ornée de cordes en chanvre colorées. L'objet intriguant est… un os de baleine.

A detail of the staircase, with its banister decorated with coloured hemp. The curio is a piece of whalebone.

Detail der Treppe mit ihren Verstrebungen aus gefärbten Hanfseilen. Das Objekt an der Wand ist ein Walknochen.

Alessandra Lippini exemplifies the natural elegance of women in her native Italy, and anyone who has seen her wandering through the alleys of the Marrakesh Medina, in the company of Ugo, her faithful Jack Russell terrier, tossing her curly hair and displaying the ethnically-inspired jewellery she designs and wears, will instantly understand the breadth of her stylishness and chic. Alessandra has been living in the Mouassine quarter of Marrakesh since 1996, when she arrived on a "Vogue" shoot and instantly fell in love with the place. A fashion stylist married to the photographer Nadir Naldi, she decided on the spot to launch a career in decoration and interior architecture. Together with her fellow Italian, the artist, designer and video director Fabrizio Bizzarri, she founded a company called Ministero del Gusto. As partners, they specialize in things that are out of the ordinary: architectural forms with ethnic overtones, earth tones similar to the ochres of the city itself, contemporary works of art and Moroccan craft products, sixties designs, African masks and anything that evokes the unique ambiance prevailing in the Medina.

Alessandra Lippini hat die natürliche Eleganz der Frauen ihrer italienischen Heimat. Wer einmal gesehen hat, wie sie in Begleitung ihres treuen Jack Russells Ugo durch die Gassen der Medina von Marrakesch spaziert und dabei ihre Locken und den selbst entworfenen Ethno-Schmuck schüttelt, der versteht, was Klasse und Schick bedeuten. Seit 1996 wohnt die mit dem Fotografen Nadir Naldi verheiratete Ex-Modestylistin im Stadtviertel Mouassine, das sie während einer Fotoreportage für »Vogue« schätzen lernte. Sie widmet sich seither der Innenarchitektur und Wohnraumgestaltung. Als sie mit ihrem Landsmann, dem Künstler, Designer und Videokünstler Fabrizio Bizzarri, das Ministero del Gusto gründete, fand sie zu ihrem Talent und ihrer Originalität. Das Duo schwört auf Außergewöhnliches: Bauformen mit ethnischen Akzenten, dem Ocker Marrakeschs nachempfundene Erdfarben, zeitgenössische Kunstwerke und marokkanisches Kunsthandwerk, das Design der »Sixties«, afrikanische Masken und alles, was an das einzigartige Ambiente der Medina erinnert.

La portière en soie indienne dissimule l'atelier.

The Indian silk curtain conceals the studio beyond.

Hinter dem Türvorhang aus indischer Seide verbirgt sich das Atelier.

A GAUCHE: *En construisant l'«impluvium», Lippini et Bizzarri se sont inspirés de l'architecture traditionnelle d'Afrique Centrale.*
PAGE DE DROITE: *La piscine se trouve directement sous l'impluvium.*
DOUBLE PAGE SUIVANTE: *Le plafond est une interprétation libre des plafonds à caissons de la Renaissance italienne.*
PAGES 88 ET 89: *un crâne de vache blanchi par les sables du désert et l'escalier menant à la terrasse.*

LEFT: *Lippini and Bizzarri's "impluvium" was inspired by traditional Central African architecture.*
FACING PAGE: *The swimming pool is directly below the impluvium.*
FOLLOWING PAGES: *The ceiling is a free interpretation of an Italian Renaissance coffered ceiling.*
PAGES 88 AND 89: *the stairway leading to the terrace, and a cow's skull, whitened by the desert sand.*

LINKS: *Beim Bau des Impluviums haben sich Lippini und Bizzarri von der traditionellen Architektur Zentralafrikas anregen lassen.*
RECHTE SEITE: *Der Swimmingpool befindet sich direkt unter dem Impluvium.*
FOLGENDE DOPPELSEITE: *Die Decke wurde in freier Anlehnung an die Kassettendecken der italienischen Renaissance gestaltet.*
SEITE 88 UND 89: *ein vom Wüstensand gebleichter Rinderschädel und der Treppenaufgang zur Terrasse.*

PAGES 90 ET 91: *la galerie en «U» à l'étage.* **DOUBLE PAGE PRECEDENTE:** *Un bouton en ivoire trouvé à Bali est devenu une poignée de porte; un voile de mariée en soie acheté au Rajasthan a été transformé en rideau.* **A GAUCHE:** *Alessandra et Fabrizio ont créé la table ronde dont le piètement est formé des lettres A-R-T.* **PAGE DE DROITE:** *la cheminée spectaculaire construite avec de la boue originaire de la Vallée de l'Ourika.*

PAGES 90 AND 91: *the U-shaped gallery on the first floor.* **PREVIOUS PAGES:** *an ivory knob found in Bali and metamorphosed into a doorhandle; a silk bridal veil bought in Rajasthan and pressed into service as a curtain.* **LEFT:** *Alessandra and Fabrizio designed this table, whose legs form the letters A-R-T.* **FACING PAGE:** *a spectacular fireplace, built with mud from the Ourika valley.*

SEITE 90 UND 91: *die U-förmige Galerie im Obergeschoss.* **VORHERGEHENDE DOPPELSEITE:** *Ein in Bali gefundener Elfenbeinknauf wurde zur Türklinke umfunktioniert, ein in Rajasthan gekaufter seidener Brautschleier zum Vorhang.* **LINKS:** *Alessandra und Fabrizio haben den runden Tisch entworfen, dessen Fuß aus den Buchstaben A-R-T besteht.* **RECHTE SEITE:** *der mit Lehm aus dem Ourika-Tal gebaute spektakuläre Kamin.*

Un coin de la galerie forme un petit salon équipé, lui aussi, d'une cheminée. Le meuble dans l'angle de gauche, est signé Lippini et Bizzarri et l'objet qui repose sur lui est un bouclier ancien trouvé en Indonésie. La table basse en acier brossé des années 1970 est une création du célèbre photographe-designer Willy Rizzo.

A corner of the gallery forms a small salon with a fireplace of its own. The piece of furniture in the left hand corner is by Lippini and Bizzarri; the object resting on it is a warrior's shield from Indonesia. The 1970's steel coffee table is by the famous photographer and designer Willy Rizzo.

Ein kleiner Bereich der Galerie bildet einen Wohnraum, der ebenfalls mit einem Kamin ausgestattet ist. Das Möbelstück in der linken Ecke stammt von Lippini und Bizzarri, darauf steht ein alter Schild aus Indonesien. Der aus den 1970er Jahren stammende flache Tisch aus gebürstetem Stahl ist eine Kreation des berühmten Fotografen und Designers Willy Rizzo.

A GAUCHE: *Dans la salle de bains, le lave-mains est encastré dans une dalle de pierre provenant de la Vallée de l'Ourika. L'encadrement du miroir, signé Ministero, était à l'origine un pneu de voiture.*
PAGE DE DROITE: *Les lettres A-R-T au pied de la baignoire en béton teinté ne sauraient mieux exprimer la créativité de Lippini et Bizzarri. La branche fourchue sert de support à l'arrivée d'eau.*

LEFT: *The bathroom basin is set into a flagstone from the Ourika valley. The frame of the mirror, by the Ministero, was once a car tyre.*
FACING PAGE: *The letters A-R-T at the foot of a bathtub made of stained concrete offer a perfect example of the Lippini-Bizzarri brand of creativity. The forked branch serves to support the water pipe.*

LINKS: *Das Handwaschbecken im Badezimmer ist in eine Steinplatte aus dem Ourika-Tal eingelassen. Der Rahmen des Spiegels von Ministero diente einmal als Autoreifen.*
RECHTE SEITE: *Die Buchstaben A-R-T am Fuß der Badewanne aus Beton versinnbildlichen angemessen die kreative Ader von Lippini und Bizzarri. Der gegabelte Ast stützt den Wasserzulauf.*

ART

Sur la terrasse rouge Marrakech se trouve une construction élaborée qui permet de créer de l'ombre pour le lit de repos composé de cordes de pêcheur – et qui, en un tour de main, peut coiffer l'impluvium d'un tapis en fibres naturelles et protéger la piscine des intempéries.

On the Marrakesh-red terrace, the creators of the Ministero have installed an elaborate apparatus made of fishermen's ropes to shade the daybed – at a pinch, this can also serve to cover the impluvium with a natural fibre carpet, or protect the swimming pool in bad weather.

Auf der Terrasse im typischen Rot von Marrakesch befindet sich eine ausgefeilte Konstruktion, die der Liege aus Fischerschnüren Schatten spendet und das Impluvium im Handumdrehn mit einer Naturfasermatte überdachen kann, sodass das Schwimmbecken vor der Witterung geschützt ist.

Frans Ankone

Marrakech – Derb el Cadi

L'inscription en caractères arabes qui orne l'un des murs du salon principal est formelle: «Voici un endroit pour recevoir ses amis. Voici un endroit d'où on entend chanter les oiseaux. Et voici un endroit paisible propice au repos.» Frans Ankoné a-t-il sauvé ce splendide palais situé au cœur de la médina pour pouvoir jouir pleinement de la paix et de l'harmonie qui règnent dans cette magnifique pièce décorée de ghebs, de zelliges et de zouaqs? Résumer la longue carrière de Frans en quelques lignes est impossible. Né aux Pays-Bas, ce styliste de mode talentueux qui a travaillé avec les plus grands photographes a défini le «look» de magazines tels que «Avenue», «Vogue» et le «New York Times Magazine», entre autres, avant de devenir Creative Director chez Neiman Marcus et Romeo Gigli. Il adorait Marrakech depuis la fin des années 1960, mais c'est une amie de longue date, la styliste italienne Alessandra Lippini, qui l'a aidé à y trouver un riyad. Secondée par Fabrizio Bizzarri, elle a su donner forme aux idées les plus audacieuses de Frans et réussi à traduire sa passion pour les couleurs éclatantes, les formes surprenantes et pour une ambiance digne du palais d'un pacha.

Détail d'une porte en cèdre sculpté, décorée de zouaqs.

Detail of a carved cedar wood door, decorated with "zouaqs".

Detail einer beschnitzten und mit »zouaqs« dekorierten Zederntür.

A DROITE: *le cordon d'un interrupteur et son gland de passementerie.* DOUBLE PAGE SUIVANTE: *une vaste chambre à coucher située à l'étage.*

RIGHT: *a cord and its "passementerie" bobble, for switching the light on and off.* FOLLOWING PAGES: *a spacious bedroom on the upper floor.*

RECHTS: *die Schnur eines Lichtschalters und ihr mit Posamenten gearbeiteter Knauf.* FOLGENDE DOPPELSEITE: *ein Schlafzimmer im Obergeschoss.*

The arabic inscription on the wall of the main salon takes the form of a formal statement: "This is a place for receiving friends. This is a place to listen to the singing of birds. This is a place of quiet and repose." And indeed Frans Ankoné saved this splendid palace in the heart of the Medina, with its décor of "zelligs", "ghebs" and "zouaqs", for the sake of the peace and harmony that reign there. To sum up Frans's long career in a few lines is scarcely possible. Born in the Netherlands, he is a talented fashion stylist who has worked with some of the world's greatest photographers. He defined the look of such publications as "Avenue", "Vogue" and "New York Times Magazine", before becoming creative director for Neiman Marcus and Romeo Gigli. He had adored Marrakesh since the end of the 1960's, but it was an old friend of his, the Italian stylist Alessandra Lippini, who finally helped him find a "riyad" there. Ably assisted by Fabrizio Bizzarri, Alessandra was able to put flesh on a number of Frans's more daring ideas, and succeeded in translating his passion for bright colours and surprising shapes. The result is an ambience that would grace the palace of the most demanding pasha.

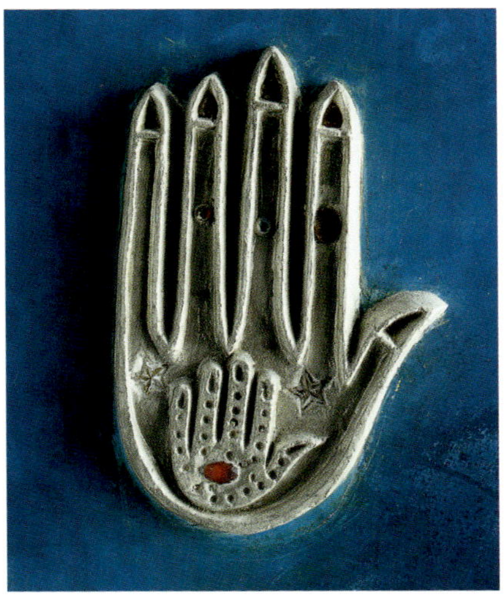

Une «main de Fatima» (la fille du Prophète Mahomet) orne le mur de l'entrée. Elle protège les maisons marocaines du mauvais œil.

A "Hand of Fatima" (the daughter of the Prophet Mohammed) on the wall of the hall. In Morocco the "Hand of Fatima" is thought to protect houses from the evil eye.

Eine »Hand von Fatima« (Tochter des Propheten Mohammed) schmückt den Eingang. Sie soll die marokkanischen Häuser vor dem bösen Blick schützen.

Die Inschrift in arabischen Lettern auf einer Wand im Wohnzimmer verkündet unzweideutig: »Dies ist ein Ort der Gastfreundschaft. Dies ist ein Ort, an dem man die Vögel singen hört. Und dies ist ein Ort der Ruhe und des Friedens.« In der Tat hat Frans Ankoné dieses herrliche Palais mitten in der Medina gerettet, um den Frieden und die Harmonie zu genießen, die in diesem wunderschönen, mit »ghebs«, »zelliges« und »zouaqs« geschmückten Gebäude herrschen. Ankonés langjährige Karriere in ein paar Sätzen zusammenzufassen, ist eigentlich unmöglich. Der in den Niederlanden geborene, begabte Modestylist, der mit den größten Fotografen zusammenarbeitete, hat den »Look« solcher Zeitschriften wie »Avenue«, »Vogue« und »New York Times Magazine« geprägt, bevor er Creative Director bei Neiman Marcus und Romeo Gigli wurde. Seit Ende der 1960er Jahre liebt er Marrakesch. Eine langjährige Freundin, die italienische Stylistin Alessandra Lippini, half ihm schließlich, dort einen »riyad« zu finden. Zusammen mit Fabrizio Bizzarri hat sie den kühnsten Ideen Ankonés Gestalt verliehen und seine Leidenschaft für leuchtende Farben, überraschende Formen und eine dem Palast eines Paschas würdige Atmosphäre umgesetzt.

عقباه بالندم
الجهل

DOUBLE PAGE PRECEDENTE: *Un chapelet d'ambre et d'argent rehausse la couleur bleu turquoise d'une porte. Sous les arches du patio, une chaise des années 1950 est décorée d'inscriptions en caractères arabes.*
A DROITE: *«La chambre des hommes» où ceux-ci se réunissaient jadis pour fumer ou méditer – a été magistralement restaurée par Alessandra Lippini et Fabrizio Bizzarri.*

PREVIOUS PAGES: *A rosary of amber and silver beads against a turquoise door. A 1950's chair under the arches of the patio is decorated with inscriptions in Arabic.*
RIGHT: *The room traditionally reserved for men, where they went to smoke or meditate, here beautifully restored by Alessandra Lippini and Fabrizio Bizzarri.*

VORHERGEHENDE DOPPELSEITE: *eine Gebetskette aus Bernstein und Silber an einer türkisblauen Tür. Der Stuhl aus den 1950er Jahren, der unter den Bögen im Patio steht, wurde mit Inschriften in arabischen Lettern verziert.*
RECHTS: *Das »Herrenzimmer«, in das man sich einst zurückzog, um zu rauchen oder nachzudenken, wurde von Alessandra Lippini und Fabrizio Bizzarri meisterhaft restauriert.*

قل هو الله احد الله الصمد لم يلد و

DOUBLE PAGE PRECEDENTE: *Le cordon de l'interrupteur se termine par une boule perlée rapportée d'Inde. Dans la niche que forme la piscine dans le patio, Lippini et Bizzarri ont placé un canapé doré habillé de velours bleu nuit.*
A GAUCHE: *Frans a dessiné cette cheminée dans une des chambres d'amis. Elle est couronnée d'un bulbe surmonté d'un croissant turc en métal doré.*

PREVIOUS PAGES: *The light-cord has an Indian pearl-covered bobble at its end. In the niche on the patio formed by the swimming pool, Lippini and Bizzarri have placed a gilt sofa upholstered with night-blue velvet.*
LEFT: *Frans designed this fireplace for one of the guest bedrooms. It is crowned by an onion-dome with a Turkish crescent made of gilt metal.*

VORHERGEHENDE DOPPELSEITE: *Die Schalterschnur mündet in einer aus Indien mitgebrachten perlenbesetzten Kugel. In der Nische am Schwimmbeckens im Patio haben Lippini und Bizzarri ein vergoldetes und mit nachtblauem Samt bezogenes Kanapee aufgestellt.*
LINKS: *Diesen Kamin in einem der Gästezimmer hat Frans entworfen. Der zwiebelförmige Aufsatz ist mit einer vergoldeten Sichel verziert.*

A GAUCHE: *Pendant des mois, un artisan très doué a créé ces ornements géométriques en stuc blanc sur les murs bleu nuit d'une chambre d'amis.*
PAGE DE DROITE: *Le mur du fond de l'entrée est couvert de «mains de Fatima» en stuc doré. Une idée de Frans, exécutée à merveille par le Ministero qui a veillé à ce que chaque paume montre un dessin différent.*

LEFT: *A gifted artisan worked for months to create these geometrical stucco ornaments on the night-blue walls of one of the guest bedrooms.*
FACING PAGE: *The wall at the end of the hall is covered with "Hands of Fatima" in gilt stucco. This idea originated with Frans, and was carried out to perfection by the Ministero, taking special care to make each hand different.*

LINKS: *In monatelanger Arbeit hat ein begnadeter Kunsthandwerker diese Zierelemente aus weißem Stuck auf den nachtblauen Wänden eines Gästezimmers angebracht.*
RECHTE SEITE: *Die Stirnwand des Eingangsbereichs ist mit »Händen von Fatima« aus vergoldetem Stuck bedeckt. Eine Idee von Frans, wunderbar umgesetzt von Ministero, wobei jede Handfläche mit einem anderen Dessin versehen wurde.*

Dans une chambre d'amis, un lit indien en bois sculpté est adossé au mur décoré de motifs géométriques. Le couvre-lit fait écho au bleu intense des murs.

In one of the guest bedrooms, an Indian bed of carved wood against a wall decorated with geometrical motifs. The bedcover echoes the intense blue of the walls.

In einem Gästezimmer schließt das indische, aus Holz geformte Bett an die mit Stuckmotiven dekorierte Wand an. Der Bettüberwurf greift das kräftige Blau der Wände auf.

Dar Kawa

Valérie Barkowski

Marrakech – La médina

La créatrice belge Valérie Barkowski est une fée moderne qui sait transformer des ruines pitoyables en palais de rêve. Lorsqu'elle est arrivée à Marrakech, les nombreux «dars», «riyads» et «fondouks» abandonnés et délabrés ont éveillé son intérêt. La beauté de leur architecture traditionnelle, la richesse de leurs détails décoratifs et l'attrait de leurs patios ombragés – tout un patrimoine en détresse semblait crier «au secours». Et en quelques années à peine, Barkowski – avec l'aide de son compatriote Quentin Wilbaux, un architecte qui partageait son talent, son enthousiasme et son énergie inépuisable – a acheté et restauré un grand nombre de bâtisses dans la médina. Depuis, celles-ci n'ont cessé d'attirer un nombre toujours croissant d'hôtes admiratifs. Dans ces vastes refuges d'antan, son goût pour le chic dépouillé, pour le design sans fioritures et pour une palette sobre et distinguée prouve qu'il est parfaitement possible de faire revivre le passé, loin des «maroquineries» faciles et des chichis folkloriques trop évident.

Dans la cuisine, des plats en cuivre étincelants se marient aux sobres tajines en terre cuite.

Gleaming copper dishes in the kitchen, along with earthenware "tajines".

In der Küche harmonieren glitzernde Kupfertabletts mit den schlichten »tajine«-Gefäßen aus Terrakotta.

Tous les lits sont équipés du linge de maison que Valérie distribue sous le nom de «Mia Zia».

All the beds are made up with the sheets and pillowcases distributed by Valérie under the brand-name "Mia Zia".

Alle Betten sind mit der hauseigenen Wäsche bezogen, die Valérie unter dem Namen »Mia Zia« vertreibt.

The Belgian designer Valérie Barkowski is a fairy godmother of the modern age who has the power to transform pitiful ruins into dream palaces with a wave of her wand. When she first came to Marrakesh, the many abandoned "dars", "riyads" and "fondouks" of the city aroused her interest. The beauty of their traditional architecture, their wealth of decorative detail and their shady inner courtyards seemed to be calling out to her for help. And within a few years Barkowski – with the help of her compatriot Quentin Wilbaux, a prodigiously gifted, enthusiastic and energetic architect – had collected and restored a large number of buildings within the Medina. Since then, more and more admiring guests have passed through. And in these great houses of the past, Barkowski's instinct for uncluttered chic, unfussy design and sober colour proves that it is more than possible to bring the past back to life without resorting to cheap "maroquineries" and over-obtrusive arts and crafts.

Die belgische Gestalterin Valérie Barkowski ist eine moderne Fee, die erbarmungswürdige Ruinen in traumhafte Paläste verwandelt. Als sie nach Marrakesch kam, weckten die zahllosen verlassenen und verfallenen »dars«, »riyads« und »fondouks« ihr Interesse. Die Schönheit der traditionellen Architektur mit ihren reichen Verzierungen, den wundervollen, beschatteten Innenhöfen, ja ein ganzes Kulturerbe schien nach Rettung zu rufen. Binnen weniger Jahre hat Barkowski mit Hilfe des Architekten Quentin Wilbaux, der ihr Talent, ihren Enthusiasmus und ihre unerschöpfliche Energie teilt, viele Gebäude in der Medina erworben und restauriert. Seitdem hat eine stetig wachsende Schar von Gästen diese Arbeit schätzen gelernt. Die geräumigen, geschichtsträchtigen Wohnungen zeugen von einem stilsicheren Geschmack, dessen geradliniger Schick, schnörkelloses Design und nüchterne, distinguierte Farbgebung beweisen, dass die Vergangenheit sich wieder beleben lässt, ohne in billige »Marokkinerien« und plakativen folkloristischen Schnickschnack zu verfallen.

Valérie est une adepte du «less is more» de Ludwig Mies van der Rohe. La salle de bains ne fait pas exception.

Valérie is an expert at "less is more" in the style of Ludwig Mies van der Rohe, as this bathroom demonstrates.

Valérie hält es mit Ludwig Mies van der Rohes Auffassung »weniger ist mehr«. Das Badezimmer bildet da keine Ausnahme.

A DROITE: *La sobriété du patio est surprenante. Les murs d'un blanc monacal alternent avec des boiseries peintes en gris clair.*
DOUBLE PAGE SUIVANTE: *La palette discrète et l'insistance de Barkowski à utiliser du gris et du blanc fait de Dar Kawa une oasis de calme visuel. Ici, l'ombre d'un arbre et la tache rouge et blanche d'un bouquet prennent une importance capitale.*

RIGHT: *The patio is surprisingly austere. The dead white walls alternate with light grey wood panelling.*
FOLLOWING PAGES: *The discreet colour scheme and Barkowski's insistence on using grey and white make Dar Kawa an oasis of visual calm. Here, the shadow of a tree and the touch of white and crimson supplied by a bunch of flowers are of capital importance.*

RECHTS: *Die Schlichtheit des Patios ist überwältigend: klösterlich weiße Mauern im Wechsel mit hellgrau gestrichenen Holzelementen.*
FOLGENDE DOPPELSEITE: *Durch die diskrete Farbgebung mit grauen und weißen Tönen ist es Barkowski gelungen, Dar Kawa zu einer Oase visueller Stille zu machen. Der Schatten eines Baumes und die rot-weißen Tupfer eines Blumenstraußes setzen hier auffallende Akzente.*

PAGE DE GAUCHE: *Une simple lanterne en métal, un lit douillet habillé de blanc et une lumière douce qui entre par la fenêtre ... Barkowski a éliminé tout ce qu'elle juge superflu.*
A DROITE: *Dans la salle de bains, le lavabo, la niche et le miroir témoignent d'une prédilection pour les formes géométriques.*
DOUBLE PAGE SUIVANTE: *Chez Barkowski, les objets traditionnels marocains acquièrent un charme particulier.*

FACING PAGE: *A simple metal lamp, a comfortable white bed and soft light streaming through the window ... everything else Barkowski has eliminated as superfluous.*
RIGHT: *In the bathroom, the basin, the niche and the mirror show a predilection for geometrical forms.*
FOLLOWING PAGES: *In Barkowski's hands, traditional Moroccan things acquire a special charm of their own.*

LINKE SEITE: *Eine schlichte Laterne aus Metall, ein kuscheliges, weiß bezogenes Bett und sanftes Licht, das durchs Fenster dringt ... Barkowski hat sich auf das Wesentliche konzentriert.*
RECHTS: *Waschbecken, Nische und Spiegel im Badezimmer zeugen von einer Vorliebe für schlichtes Design.*
FOLGENDE DOPPELSEITE: *In dieser minimalistischen Atmosphäre entfalten die traditionellen marokkanischen Haushaltsgegenstände einen besonderen Charme.*

Riyad El Cadi

Herwig Bartels

Marrakech – Derb el Cadi

A cinq minutes de la célèbre place Jama' el Fna avec ses charmeurs de serpents, ses magiciens, ses vendeurs d'eau et sa foule de curieux, le Riyad El Cadi offre un labyrinthe de patios ombragés, de chambres et de suites paisibles et de terrasses ensoleillées qui font de cet ensemble un des endroits les plus charmants de Marrakech. Il y a huit ans déjà que Herwig Bartels, ex-ambassadeur d'Allemagne à Rabat, collectionneur de textiles berbères anciens et amoureux du Maroc depuis toujours, a créé le Riyad en réunissant plusieurs maisons, générant un espace exceptionnel où veille un personnel attentif et souriant. Réalisé avec l'aide de l'architecte belge Quentin Wilbaux, cette oasis de paix où l'on n'entend que le chant des oiseaux et le murmure des fontaines, possède une bibliothèque, une piscine, un hammam, un grand salon avec cheminée et deux maisons individuelles – La maison Bleue et la Maison du Palmier – où l'on peut goûter les délices de la vie au cœur de la médina. Hedda, l'excellente cuisinière du Riyad, prépare des plats raffinés et succulents. Dans la galerie d'art adjacente, les amateurs peuvent partir à la découverte de la civilisation berbère.

Un bouquet de roses posé sur le rebord de la fontaine.

A bunch of roses on the lip of a fountain.

Ein auf dem Rand des Springbrunnens abgelegter Rosenstrauß.

Près de l'entrée, on découvre un gong 19e provenant de Sarawak.

A 19th century gong from Sarawak hangs by the entrance.

Am Eingang hängt ein aus Sarawak stammender Gong aus dem 19. Jahrhundert.

Five minutes from the Place Jama' el Fna, with its snake charmers, magicians, water sellers and crowds of loiterers, is the Riyad El Cadi – a labyrinth of shady patios, peaceful suites and bedrooms and sunny terraces, and one of the most charming places in Marrakesh. Eight years ago Herwig Bartels, a former German ambassador to Rabat, a collector of antique Berber textiles and an unconditional lover of Morocco, constructed this Riyad by knocking together three separate houses. Hence the present remarkable complex, now smoothly run by Bartels' smiling, attentive staff. The work was done in collaboration with the Belgian architect Quentin Wilbaux, who created an oasis of calm where the only sounds are birdsong and murmuring fountains. There is also a library, a swimming pool, a hammam, a main drawing room with a fireplace and two individual houses – the Blue House and the Palm Tree House – where guests can sample the reality of life in the Medina. Hedda, the Riyad's excellent cook, prepares refined and succulent dishes; Berber artefacts are on display in the adjoining art gallery.

Fünf Minuten von der berühmten Place Jamaa el Fna mit ihren Schlangenbeschwörern, Zauberern, Wasserverkäufern und neugierigen Bummlern entfernt, bietet das Riyad El Cadi ein Gewirr von schattigen Patios, ruhigen Zimmern und Suiten sowie sonnigen Terrassen, die dieses Bauensemble zu einem der reizvollsten Orte in Marrakesch werden lassen. Vor acht Jahren bereits schuf Herwig Bartels, der ehemalige deutsche Botschafter in Rabat, das Riyad El Cadi. Der langjährige Marokkofreund und Sammler von Berber-Textilien legte mehrere Häuser zusammen und schuf damit eine außergewöhnliche Anlage, die von einem aufmerksamen und freundlichen Personal betreut wird. Diese mit Hilfe des belgischen Architekten Quentin Wilbaux verwirklichte Oase des Friedens, in der man nur den Gesang der Vögel und das Plätschern der Springbrunnen hört, umfasst eine Bibliothek, ein Schwimmbad, einen Hammam, einen großen Salon mit Kamin und zwei Einzelhäuser – das Blaue Haus und das Palmenhaus –, in denen man inmitten der Medina das Leben genießen kann. Hedda, die ausgezeichnete Köchin des Riyad El Cadi, bereitet ebenso raffinierte wie köstliche Speisen. In der angrenzenden Galerie können Kunstfreunde die Zivilisation der Berber entdecken.

Les parois de la fontaine sont tapissées de tadelakt.

The sides of the fountain are covered with "tadelakt".

Die Wände des Brunnens sind mit »tadelakt« verputzt.

A DROITE: *Le Riyad El Cadi possède un patio agrémenté de quatre parterres plantés d'arbres et d'arbustes.*
DOUBLE PAGE SUIVANTE: *Les décorations de la fontaine évoquent les dessins géométriques d'Andalousie. La jarre en céramique a été fabriquée au 19e siècle par une tribu berbère de l'Anti-Atlas.*
PAGES 134 ET 135: *L'entrée s'ouvre sur un dédale de corridors et de patios d'une blancheur immaculée.*

RIGHT: *The Riyad El Cadi has a patio with four beds planted with trees and shrubs.*
FOLLOWING PAGES: *The decoration of the fountain evokes geometrical Andalusian designs. The ceramic ewer is typical of those made in the 19th century by a Berber tribe of the Anti-Atlas.*
PAGES 134 AND 135: *The entrance leads into a maze of white corridors and patios.*

RECHTS: *Das Riyad El Cadi besitzt einen Patio mit vier Beeten, auf denen Bäume und Sträucher geplanzt wurden.*
FOLGENDE DOPPELSEITE: *Das Dekor des Springbrunnens erinnert an die Muster Andalusiens. Das Keramikgefäß wurde im 19. Jahrhundert von einem Berberstamm im Hohen Atlas gefertigt.*
SEITE 134 UND 135: *Der Eingang führt in ein Gewirr aus Korridoren und Patios von makellosem Weiß.*

CI-DESSUS: *la galerie du premier étage et ses trésors anciens: un candélabre ottoman du 16e siècle, une broderie ottomane classique du 17e et un carré de velours de Brousse, l'ancienne capitale de l'Empire ottoman, datant du 16e siècle.*
A DROITE: *une salle de bains avec des rideaux en «ikat» de la Manufacture Santa Maria à Majorque.*
PAGE DE DROITE: *la suite Douiria: au mur, un kilim à prière de l'Est de l'Anatolie et un plafond en zouaqs datant du 18e siècle.*

ABOVE: *among the treasures on the first floor gallery: a 16th century Ottoman candelabra, a piece of classical 17th century Ottoman embroidery, and a square of velvet from Bursa the former capital of the Ottoman empire, dating from the 16th century.*
RIGHT: *a bathroom with Ikat curtains from the Santa Maria factory in Mallorca.*
FACING PAGE: *the Douiria suite: on the wall, a prayer kilim from eastern Anatolia and a "zouaq" ceiling from the 18th century.*

OBEN: *die Galerie im Obergeschoss und ihre Schätze: ein osmanischer Kandelaber aus dem 16. und eine klassische osmanische Stickerei aus dem 17. Jahrhundert sowie ein Samttuch aus Brussa, der einstigen Hauptstadt des osmanischen Reiches.*
RECHTS: *ein Badezimmer mit Ikat-Vorhängen aus der Manufaktur Santa Maria, Mallorca.*
RECHTE SEITE: *die Douiria-Suite: an der Wand ein Gebetskelim aus Ostanatolien, die »zouaq«-Zimmerdecke stammt aus dem 18. Jahrhundert.*

Dans l'office, Herwig Bartels a fait installer une porte dont la forme caractérise le style dépouillé des arts décoratifs marocains sous le protectorat français. La porte s'ouvre sur un dallage noir et blanc et une chaise en fibre de verre signée Verner Panton.

In the office, Herwig Bartels has installed a door whose form is characteristic of the spare style of Moroccan decorative art during the French protectorate. The door opens on a black and white floor and a glass fibre chair by Verner Panton.

Im Büro hat Herwig Bartels eine Tür einbauen lassen, deren schnörkelloser Stil kennzeichnend ist für das marokkanische Kunsthandwerk unter dem französischen Protektorat. Durch die Tür blickt man auf einen schwarz-weißen Fliesenbelag und einen Glasfiberstuhl von Verner Panton.

Marie-Jo Lafontaine

Marrakech – Derb el Cadi

«J'ai tout de suite compris que cette maison était une 'bonne' maison» explique l'artiste belge Marie-Jo Lafontaine en parlant du «dar» qu'elle a acheté il y a huit ans dans la médina de Marrakech. Selon cette femme très sensible, qui est à la fois peintre, photographe et vidéaste, une maison doit en effet s'harmoniser parfaitement avec le corps et l'esprit de son ou sa propriétaire. Marie-Jo est arrivée à Marrakech en 1994 à la tête d'un groupe d'étudiants à qui elle voulait montrer une autre culture, ouvrir d'autres horizons. Loin des centres d'art trop évidents comme New York, Paris, Rome ou Tokyo, Marrakech fut une expérience inoubliable et, à la fin de son séjour, l'artiste décida d'y acquérir une de ces demeures magiques agrémentées d'un patio et d'une vaste terrasse avec vue sur l'Atlas. La restauration a duré deux ans, car Marie-Jo voulait trouver ici le calme visuel auquel elle s'est habituée tout au long de sa carrière internationale. Alors, ni carrelages classiques ni zelliges, mais des murs d'une blancheur monacale qui mettent en valeur ses œuvres monochromes, ses meubles sobres et ses magnifiques rideaux en taffetas vert que soulève la brise.

Un détail de la rampe en fer forgé du balcon.

Detail of the wrought iron balcony railing.

Detailansicht des schmiedeeisernen Balkongeländers.

Dans l'entrée, un miroir est entouré d'une guirlande de petites lampes multicolores.

In the entrance, a mirror garlanded with a string of coloured lights.

Im Eingang wird ein Spiegel von einer Girlande bunter Lämpchen umrahmt.

"I realised immediately that this was a good house," says the Belgian artist Marie-Jo Lafontaine of the "dar" she bought eight years ago in the Medina of Marrakesh. In the view of this highly sensitive woman, who combines the disciplines of painter, photographer and video artist, a house should harmonize perfectly with the mind and body of the person occupying it. Marie-Jo arrived in Marrakesh in 1994 at the head of a group of students, hoping to show them another culture and broaden their horizons. Instead, far from the cosmopolitan art centres of New York, Paris, Rome and Tokyo, Marrakesh was a pivotal experience for Marie-Jo herself – and by the end of her stay the artist had decided to buy a magical house with a huge terrace and a view of the Atlas mountains. The restoration work took two years, because Marie-Jo wanted to recreate here the visual tranquillity to which she had become addicted in the course of her international career. No tiles then, and no "zelligs"; only stark white walls setting off her monochrome pictures and rippling green taffeta curtains.

»Ich habe sofort gemerkt, dass dies ein gutes Haus ist,« sagt die belgische Künstlerin Marie-Jo Lafontaine über das »dar«, das sie vor acht Jahren in der Medina von Marrakesch gekauft hat. Die feinfühlige Malerin, Fotografin und Videofilmerin ist der Auffassung, dass ein Haus mit dem Körper und Geist seines Eigentümers oder seiner Eigentümerin in Einklang stehen muss. Nach Marrakesch kam Marie-Jo Lafontaine 1994 als Leiterin einer Studentengruppe, der sie eine andere Kultur zeigen und neue Horizonte eröffnen wollte. In weiter Ferne von allzu augenfälligen Kunstzentren wie New York, Paris, Rom oder Tokio war Marrakesch eine unvergessliche Erfahrung. Am Ende ihres Aufenthalts entschloss sich die Künstlerin zum Kauf eines wundervollen Hauses mit einem Innenhof und einer Terrasse, von der aus man auf den Atlas blickt. Die Restaurierung hat zwei Jahre gedauert, wollte sie hier doch die visuelle Ruhe finden, nach der sie in ihrem internationalen Werdegang seit jeher gesucht hat. Deshalb gibt es weder klassiche Fliesen noch »zelliges«, dafür aber klösterlich weiße Wände, die ihre monochromen Arbeiten, die schlichten Möbel und die herrlich fallenden grünen Taftvorhänge zur Geltung bringen.

Le patio avec sa fontaine en marbre et ses arches mauresques.

The patio with its marble fountain and Moorish arches.

Der Patio mit seinem Marmorspringbrunnen und seinen maurischen Bögen.

A GAUCHE: *une banquette et une table à thé décorées de panneaux en moucharabieh meublent l'alcôve.*
PAGE DE DROITE: *Au premier étage, des meubles de jardin peints en blanc et des murs immaculés mettent en valeur les monochromes de Marie-Jo Lafontaine.*

LEFT: *in an alcove a bench and tea table, decorated with "moucharabiehs".*
FACING PAGE: *On the first floor, white painted garden furniture and pristine walls offset Marie-Jo Lafontaine's monochrome paintings.*

LINKS: *eine Bank und ein Teetisch, beide mit »moucharabiehs« verziert, möblieren diese Nische.*
RECHTE SEITE: *Im ersten Stock bringen weiß gestrichene Gartenmöbel und Mauern Marie-Jo Lafontaines monochrome Arbeiten zur Geltung.*

Le séjour n'a rien d'ostentatoire. La chaise indienne, dite «de Maharadjah», ajoute une note luxueuse.

The living room is unostentatious – only the Indian "maharajah's chair" adds a note of luxury.

Das Wohnzimmer hat nichts Ostentatives. Nur der so genannte »Maharadscha«-Stuhl aus Indien wirkt luxuriös.

PAGE DE GAUCHE: *Marie-Jo Lafontaine est convaincue de l'importance du «calme visuel». Son séjour sobrement meublé en témoigne.*
A DROITE: *Dans une des chambres, les différentes nuances de vert déterminent la décoration.*
DOUBLE PAGE SUIVANTE: *Dans la chambre de Marie-Jo, les rideaux en taffetas filtrent les rayons de soleil. Le tableau sur le mur du fond – une œuvre anonyme – s'harmonise avec le mobilier marocain en bois sculpté polychrome.*

FACING PAGE: *Marie-Jo Lafontaine is convinced of the importance of "visual calm", as the quiet furnishings of her living room show.*
RIGHT: *In one of the bedrooms, different nuances of green dominate the décor.*
FOLLOWING PAGES: *In Marie-Jo's bedroom, taffeta curtains filter the rays of the sun. The anonymous painting on the back wall goes well with the Moroccan polychrome furniture in carved wood.*

LINKE SEITE: *Marie-Jo Lafontaine ist von der Wichtigkeit »visueller Ruhe« überzeugt. Ihr schlicht ausgestattetes Wohnzimmer zeugt davon.*
RECHTS: *In einem der Zimmer bestimmen die verschiedenen Grünnuancen die Einrichtung.*
FOLGENDE DOPPELSEITE: *In Marie-Jos Zimmer filtern Taftvorhänge das Licht. Das Gemälde an der Stirnwand – ein anonymes Werk – passt gut zu dem marokkanischen Mobiliar aus buntem Holz.*

Riyad Mesc El Lil

Patricia Lebaud

Marrakech – Mouassine

Elle est rousse, pétillante, et dans le quartier Mouassine où elle habite, tout le monde l'appelle par son prénom. Et cela plaît à cette Néo-Zélandaise de naissance qui commença sa carrière comme journaliste et rédactrice d'un magazine de décoration avant d'échouer de son plein gré dans la médina et de commencer à remettre en état un magnifique riyad qu'elle a baptisé Riyad Mesc El Lîl. Patricia Lebaud possède un album de photos qui retracent impitoyablement cette restauration héroïque. Est-il possible que cette ruine aux murs lépreux soit devenue un palais d'une blancheur éclatante? Et qu'elle ait eu le courage de grimper à l'échelle, de décaper des portes en cèdre sculptées, de restaurer des ghebs effrités et d'affronter un toit qui faillit s'effondrer sur elle? Aujourd'hui, au Riyad Mesc El Lîl, tout semble voué à la beauté et au bien-être. D'une cheminée en tadelakt couleur jade aux salles de bains en carrelages marocains d'inspiration Art Déco et de la grande cour intérieure plantée d'orangers et de galant de nuit au parfum enivrant à la grande terrasse qui surplombe un jardin royal et impressionne les hôtes payants de Patricia venus des quatre coins du monde.

Une frise décorative à motifs géométriques en ghebs entoure les fenêtres.

A "ghebs" frieze of geometrical motifs surrounds the windows.

Ein »ghebs«-Zierfries mit geometrischen Motiven umrahmt die Fenster.

La cheminée en tadelakt couleur jade du séjour a été exécutée d'après un dessin de Patricia.

The jade-coloured "tadelakt" fireplace in the living room was built to a design by Patricia.

Der Wohnzimmerkamin in jadefarbenem »tadelakt« wurde nach einem Entwurf von Patricia gefertigt.

She is a bubbly redhead, and in the Mouassine quarter where she lives everyone calls her by her first name. And this is a source of real delight to Patricia Lebaud, a New Zealander by birth who began her working life as a journalist and editor of a decorating magazine before arriving in the Medina and tackling the restoration of a magnificent "riyad" which she called Riyad Mesc El Lîl. Patricia Lebaud has a photo album which relentlessly traces the progress of her heroic work here. Is it possible that the mouldering ruin in the pictures can really have become the present blinding white palace? Where did Patricia find the courage to climb ladders, strip the paint from carved cedar doors, restore worn-away "ghebs" and rebuild a roof which looked as if it might collapse on her at any moment? Today, at the Riyad Mesc El Lîl, everything seems to revolve around beauty and wellbeing. From a fireplace of jade-coloured "tadelakt" to the bathrooms with their Moroccan Art Deco tiles and the broad inner courtyard planted with orange trees and scented with jasmine, to the great terrace overlooking one of the royal gardens, everything here is guaranteed to delight the paying guests who come from all over the world to partake of Patricia's hospitality.

Une sculpture en métal polychrome contemporaine apporte une note de couleur dans la cage d'escalier.

A contemporary polychrome metal sculpture supplies a note of colour in the stairwell.

Eine zeitgenössische polychrome Metallskulptur setzt im Treppenhaus einen Farbtupfer.

Sie ist ein sprühender Rotschopf und alle in ihrem Stadtviertel Mouassine nennen sie beim Vornamen, was der gebürtigen Neuseeländerin durchaus gefällt. Sie arbeitete als Journalistin und Redakteurin einer Zeitschrift für Innenarchitektur, bevor sie aus freien Stücken in der Medina landete. Dem großartigen »riyad«, das sie in Stand zu setzen begann, gab sie den Namen Riyad Mesc El Lîl. Ein Fotoalbum von Patricia Lebaud belegt unmissverständlich, wieviel Mut dieses Unterfangen erforderte. Hat sich die Ruine mit ihren zerfressenen Mauern wirklich in diesen blendend weißen Palast verwandelt? Woher nahm Patricia die Courage, auf einer Leiter beschnitzte Zedernholztüren abzubeizen, verwitterte »ghebs« zu restaurieren und sich an ein Dach zu wagen, das beinahe auf sie herabgestürzt wäre? Heute scheint im Riyad Mesc El Lîl alles auf Schönheit und Wohlbehagen zugeschnitten – vom Kamin in jadefarbenem »tadelakt« bis zu den Badezimmern mit marokkanischen Fliesen im Art-déco-Stil, vom großen Innenhof mit Orangenbäumen und betörend duftendem Nachtjasmin bis zu der geräumigen Terrasse, die sich über einem königlichen Garten erhebt und Patricias zahlende Gäste aus allen Teilen der Welt beeindruckt.

PHILLIPS

DOUBLE PAGE PRECEDENTE: *La bicyclette de la maîtresse de maison a trouvé sa place dans l'entrée. Dans le patio, des meubles de jardin aux lignes épurées contrastent avec le décor traditionnel.*
A DROITE: *Le Maroc est un pays de lumière, de soleil filtré par les moucharabiehs et les claustras en fer forgé, et de candélabres et de bougies à la flamme dorée et tremblante.*

PREVIOUS PAGES: *Patricia's bicycle in the hall. In the patio, austere garden furniture contrasts with the traditional décor.*
RIGHT: *Morocco is a land of light, sunshine filtered by "moucharabiehs" and wrought iron window grilles. Also of candelabras and golden candlelight.*

VORHERGEHENDE DOPPELSEITE: *Das Fahrrad der Hausherrin hat seinen Platz im Eingangsbereich gefunden. Im Patio kontrastieren die klaren Linien der Gartenmöbel mit dem traditionellen Dekor.*
RECHTS: *Marokko ist ein Land des Lichts, der durch die »moucharabiehs« und schmiedeeisernen Fenstergitter gefilterten Sonne, aber auch der Kandelaber und des flackernden Kerzenlichts.*

PAGE DE GAUCHE: *La douche et les armoires dans les suites du riyad sont d'inspiration Art Déco.*
A DROITE: *pas de «chichis» inutiles pour cette chambre à coucher.*
DOUBLE PAGE SUIVANTE: *Une lumière tamisée règne dans l'escalier qui mène aux appartements privés et à la cuisine.*
PAGES 160 ET 161: *Le soleil qui passe à travers un lanterneau aux carreaux de verre multicolores, dessine un tableau abstrait sur le mur d'une chambre.*

FACING PAGE: *This shower – like the wardrobes in the suites of the "riyad" – are all Art Deco inspired.*
RIGHT: *no unnecessary frills in this bedroom.*
FOLLOWING PAGES: *A subdued light bathes the staircase leading to the private apartments and kitchen.*
PAGES 160 AND 161: *A sunbeam passing through a coloured glass fanlight sheds an abstract pattern on this bedroom wall.*

LINKE SEITE: *die Dusche und die Schränke in den Suiten des »riyad« im Art-déco-Stil.*
RECHTS: *ein Schlafzimmer ohne überflüssigen »Schnickschnack«.*
FOLGENDE DOPPELSEITE: *Gedämpftes Licht herrscht im Treppenaufgang zu den Privaträumen und zur Küche.*
SEITE 160 UND 161: *Die Sonne, die durch ein bunt verglastes Oberlicht dringt, wirft ein abstraktes Bild auf die Zimmerwand.*

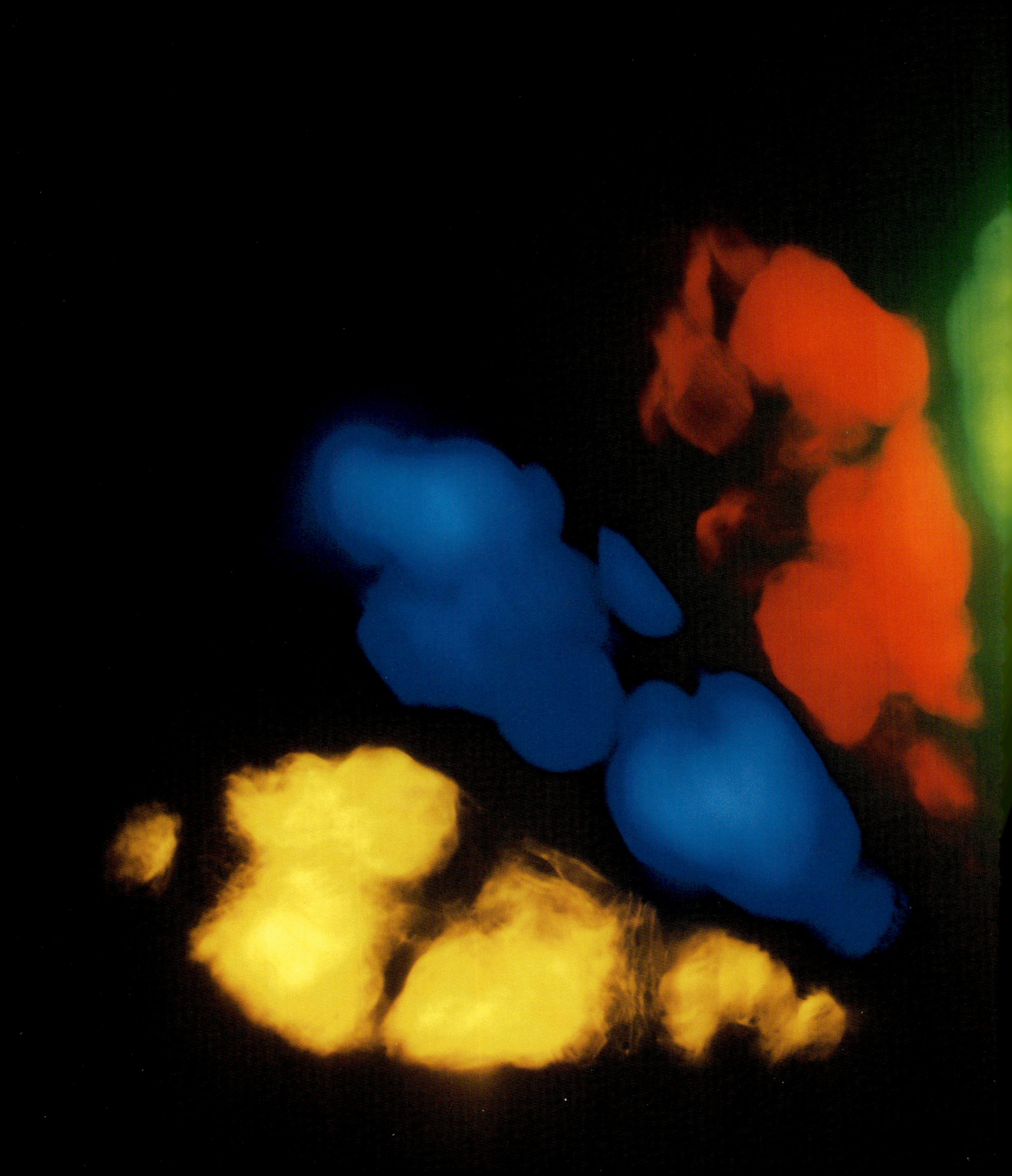

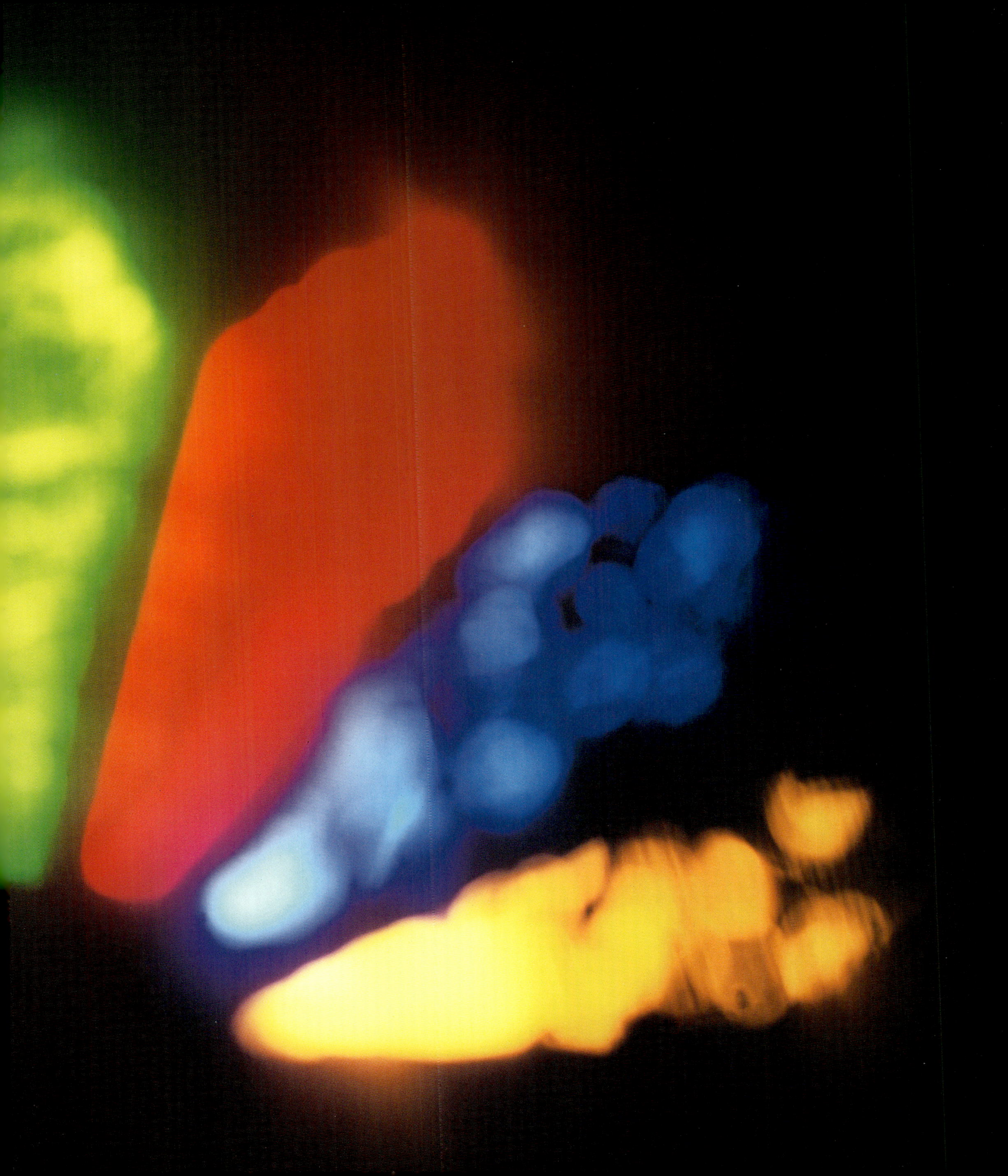

Baghdadi

Rita Kallerhoff

Marrakech – Bab Doukkala

L'artiste peintre Rita Kallerhoff profite de l'ambiance particulière de deux villes exceptionnelles – New York et Marrakech – puisqu'elle s'est installée à la fois à Manhattan et dans une maison avec atelier au cœur de la médina. D'origine allemande – elle est née à Cologne –, Rita Kallerhoff s'avoue fascinée par les couleurs chatoyantes du Maroc. Alors quoi de mieux que de s'installer dans une maison traditionnelle située dans un «derb» où bat le cœur de la vieille ville et de se laisser inspirer par le spectacle des turbans, des kaftans et des djellabas. Recherchant l'authenticité, Kallerhoff devait forcément découvrir un «dar» dont l'architecture se plierait à ses exigences. Après des travaux de réaménagement, l'installation d'une piscine et quelques touches de son bleu favori, il était temps de penser à un atelier. Et puis, elle a acheté une maison adjacente qu'elle reconstruit de fond en comble avec un flair remarquable. Sur les murs de sa demeure, des personnages, des scènes de la vie quotidienne et des natures mortes vibrent d'une intensité envoûtante et prouvent que Marrakech sied à merveille à cette artiste de talent.

A GAUCHE ET CI-DESSUS: *deux détails de «Berber Wedding», un tableau de Rita, dans la collection de Marian et Paul Ross.*

LEFT AND ABOVE: *two details from "Berber Wedding", a painting by Rita in the collection of Marian and Paul Ross.*

LINKS UND OBEN: *zwei Details aus »Berber Wedding«, einem Gemälde von Rita, in der Sammlung von Marian und Paul Ross.*

La maîtresse de maison a conçu la piscine du patio. Le vase en céramique sied à merveille aux strelitzias.

Rita designed her patio swimming pool herself. The ceramic vase goes perfectly with the strelitzias.

Die Hausherrin hat das Schwimmbecken im Patio entworfen. Die Keramikvase passt wunderbar zu den Strelitzien.

The painter Rita Kallerhoff has a foothold in two very different cities, with a house in Manhattan and a studio in the middle of the Medina of Marrakesh. Rita is German, born in Cologne, and she is entirely fascinated by the shimmering colours of Morocco. Not surprisingly, she found her way to a traditional building in a "derb" of the old town, where she could draw maximum inspiration from the spectacle of turbans, caftans and jellabas moving to and fro. In her search for authenticity, she was bound to come across a "dar" whose architecture would satisfy her requirements. After the usual restoration work, the installation of a swimming pool and a few touches of her favourite shade of blue, it was time for her to think about a studio. The solution was to buy an adjoining house, which she proceeded with great flair to rebuild from scratch. On the walls of her home she has hung scenes from daily life, figures and still lifes – all of them vibrant images that show how perfectly her gifts are matched to the quality of life around her.

Die Malerin Rita Kallerhoff genießt die besondere Atmosphäre zweier einzigartiger Städte, denn sie hat einen Wohnsitz in Manhattan und ein Haus mit Atelier im Herzen der Medina von Marrakesch. Die gebürtige Kölnerin bekennt sich zu ihrer Faszination für die schillernden Farben Marokkos. Was gäbe es also Besseres, als ein traditionelles Haus in einem »derb« zu beziehen, das Herz der Altstadt schlagen zu hören und sich vom Schauspiel der Turbane, Kaftans und »djellabas« inspirieren zu lassen? Dass Kallerhoff auf ihrer Suche nach Authentizität auf ein »dar« stieß, das ihren Bedürfnissen entspricht, verstand sich eigentlich von selbst. Nach Renovierungsarbeiten, dem Bau eines Schwimmbeckens und Anstrichen mit ihrem Lieblingsblau war es Zeit, an ein Atelier zu denken. Deshalb kaufte die Malerin ein angrenzendes Haus hinzu, das sie mit gutem Gespür von Grund auf neu gestaltet hat. Dass die talentierte Künstlerin in Marrakesch am richtigen Ort ist, dokumentieren die Bilder an den Wänden ihrer Wohnung: Darstellungen von Menschen, aus dem Leben gegriffene Szenen und Stil-Leben voll vibrierender Intensität.

Un tableau de Rita, « Young Lieutenant With His Two Servants », orne le mur du fond de la salle à manger. Le mobilier est en fer forgé laqué.

Another painting by Rita, "Young Lieutenant With His Two Servants", hangs on the wall at the end of her dining room. The furniture is in lacquered wrought iron.

Ritas Gemälde »Young Lieutenant With His Two Servants« schmückt das Esszimmer. Das Mobiliar ist aus lackiertem Schmiedeeisen.

PAGE DE GAUCHE: *La couleur préférée de Rita se manifeste sur les colonnes en tadelakt, sur les portes du séjour et même dans un seau en plastique rempli de roses.*
A DROITE: *La piscine est entourée d'une frise en carreaux classiques et de plantes luxuriantes.*
DOUBLE PAGE SUIVANTE: *Dans la maison de Rita, des murs rouge Marrakech, une cage d'oiseaux tunisienne et une fontaine tapissée de zelliges, trahissent son goût très personnel.*

FACING PAGE: *Rita's favourite colour is evident on the "tadelakt" columns, the living room doors and even the plastic bucket filled with roses.*
RIGHT: *The pool is surrounded with a frieze of classical tiles and luxuriant plants.*
FOLLOWING PAGES: *In Rita's house, Marrakesh-red walls, a Tunisian birdcage and a fountain lined with "zelligs" betray her highly personal taste.*

LINKE SEITE: *Ritas Lieblingsfarbe findet sich an den »tadelakt«-Stützen, den Türen zum Wohnzimmer und sogar dem mit Rosen gefüllten Plastikeimer.*
RECHTS: *Der Pool wird von einem Fries aus klassischen Fliesen und üppig wuchernden Pflanzen gesäumt.*
FOLGENDE DOPPELSEITE: *Ritas ganz persönlichen Geschmack verraten in ihrem Haus die im typischen Rot von Marrakesch gehaltenen Wände, ein tunesischer Vogelkäfig und ein mit »zelliges« gekachelter Springbrunnen.*

PAGE DE GAUCHE: *Sur la cheminée, une orange fait écho à la couleur de l'oiseau peint par Kallerhoff dans son tableau «Young Arab Boy With Canary».*
CI-DESSUS: *La couleur de la cheminée s'harmonise avec l'encadrement du tableau.*
A DROITE: *L'artiste-peintre a fourni le dessin de la cheminée.*
DOUBLE PAGE SUIVANTE: *Marches bleues et porte bleue – la couleur favorite de Rita envahit la maison.*

FACING PAGE: *On the chimneypiece, an orange echoes the colour of the bird in Kallerhoff's "Young Arab Boy With Canary".*
ABOVE: *The colour of the fireplace goes well with the picture frame.*
RIGHT: *The artist designed the fireplace herself.*
FOLLOWING PAGES: *Blue steps and a blue door: Rita's favourite colour is everywhere in her house.*

LINKE SEITE: *Auf dem Kamin spiegelt eine Orange die Farbe des Vogels in Kallerhoffs Bild »Young Arab Boy With Canary« wider.*
OBEN: *Die Farbe des Kamins harmoniert mit der Rahmung des Gemäldes.*
RECHTS: *Die Malerin hat auch den Kamin entworfen.*
FOLGENDE DOPPELSEITE: *Blaue Stufen und blaue Tür – Ritas Lieblingsfarbe durchflutet das Haus.*

CORRIER

Jacqueline Foissac

Marrakech – Bab Doukkala

Si elle ne fut pas la première à construire une maison dans la Palmeraie de Marrakech – les deux autres villas datent des années 1930 –, elle fut en tout cas l'une des premières à redécouvrir cet endroit exceptionnel. C'était en 1969 et Jacqueline Foissac fit la connaissance de Marrakech la Rouge en même temps que les Getty, Bill Willis, Yves Saint Laurent et Pierre Bergé. En ce temps-là, l'artisanat sommeillait et bâtir une maison en pisé de ses propres mains frôlait le délire. Jacqueline vécut dans sa deuxième création sans eau ni électricité pendant douze ans, le temps de construire encore trois maisons parmi les palmiers et de se faire un nom. Aujourd'hui, celui-ci figure sur la liste d'honneur de ceux qui ont réinventé le style marocain et redécouvert les vieilles traditions artisanales. Les premières armoires en «tataoui», c'est elle; le retour au pisé, c'est elle, et la résurrection de la médina, c'est elle aussi. L'architecte et décoratrice vit depuis six ans dans une grande maison de la médina. Est-ce sa dernière création? Son apothéose? Une nouvelle aventure qui commence?

Sous la pergola qui domine la terrasse, un miroir ancien capte la lumière.

Light reflected from a mirror under the terrace pergola.

Unter der Pergola der Terrasse fängt ein alter Spiegel das Licht ein.

La pergola en treillis est l'endroit idéal pour prendre le petit-déjeuner.

The trellised pergola is the perfect place for a quiet breakfast.

Die Gitterpergola ist der ideale Ort zum Frühstücken.

Though she wasn't the first person to build a house in La Palmeraie of Marrakesh – the two other villas there date from the 1930's – she was certainly one of the earliest to rediscover this remarkable area. Jacqueline Foissac arrived in Marrakesh in 1969, along with Bill Willis, the Gettys, Yves Saint Laurent and Pierre Bergé. At that time craftsmanship in the red city was deep in the doldrums and the idea of building a "pisé" house with one's own hands was viewed as frankly outlandish. Jacqueline lived in her house without water and without electricity for twelve years; during that time she built three more houses among the palm trees and made an imperishable name for herself. Today she belongs to the select band of people who are credited with reinventing the Moroccan style and reviving the country's venerable tradition of craftsmanship. The first wardrobes made in "tataoui" were Jacqueline's doing, as was the revival of "pisé". She was a leading light in the resurrection of the Medina in general, the Medina being the site of the big house in which this indefatigable decorator and architect has lived for the last six years. Can this be her apotheosis, or is she even now preparing some new adventure?

Auch wenn sie nicht die erste war, die in der Palmeraie von Marrakesch ein Haus baute – die anderen beiden Villen stammen aus den 1930er Jahren –, zählt sie doch zu den ersten, die diesen einzigartigen Ort wieder entdeckten. Im Jahr 1969 lernte Jacqueline Foissac die rote Stadt Marrakesch kennen, zur gleichen Zeit wie die Gettys, Bill Willis, Yves Saint Laurent und Pierre Bergé. Damals lag das traditionelle Handwerk brach und einen Lehmbau mit eigenen Händen zu errichten, grenzte an Wahnsinn. Jacqueline lebte in ihrem zweiten Eigenbau ohne Wasser und Strom zwölf Jahre lang, in denen sie drei weitere Häuser unter den Palmen errichtete und sich damit einen Namen machte. Heute steht dieser auf der Ehrenliste derer, die den marokkanischen Stil neu belebt und die alten handwerklichen Traditionen wieder entdeckt haben. Die ersten Schränke in »tataoui«-Bauweise gehen auf sie zurück, ebenso wie die Rückkehr zur Lehmbauweise und die Wiedererstehung der Medina. Die Architektin und Dekorateurin wohnt nun seit sechs Jahren in einem großen Haus in der Medina und man fragt sich: Ist dies ihre letzte Schöpfung, der krönende Abschluss oder der Beginn eines neuen Abenteuers?

Derrière la piscine, des arches en bois chantourné ornent la façade de la chambre à coucher.

Behind the swimming pool, intricate wooden arches form a façade for the bedroom.

Hinter dem Schwimmbecken schmücken ausgesägte Holzbögen die Fassade des Schlafzimmers.

DOUBLE PAGE PRECEDENTE: *la loggia de la chambre à coucher avec ses colonnes torsadées. Un cabas aux vives couleurs égaye l'ensemble.*
PAGE DE GAUCHE: *La double porte en cèdre sculpté s'ouvre sur la salle de bains.*
A DROITE: *Le lit a été placé près de la fenêtre. La maîtresse de maison peut ainsi profiter à son réveil des premiers rayons de soleil.*

PREVIOUS PAGES: *the loggia of the bedroom with its twisted columns. The basket adds a touch of bright colour.*
FACING PAGE: *Double doors of carved cedar wood open into the bathroom.*
RIGHT: *The bed is positioned close to the window, to catch the first rays of the morning sun.*

VORHERGEHENDE DOPPELSEITE: *die Loggia des Schlafzimmers mit ihren gedrehten Säulen. Eine Einkaufstasche in kräftigen Farben belebt das Ensemble.*
LINKE SEITE: *Die Doppeltür aus geschnitztem Zedernholz führt ins Badezimmer.*
RECHTS: *Das Bett wurde in der Nähe des Fensters aufgestellt. So kann die Hausherrin gleich beim Aufwachen die ersten Sonnenstrahlen genießen.*

La Champignonniere

Adolfo de Velasco

Marrakech – Jardin Majorelle

Adolfo de Velasco appartient à une époque qui alliait l'originalité au goût du luxe et ne craignait ni l'exubérance ni les décors opulents. Monsieur de Velasco adore le faste et l'opulence et le manifeste dans son palais tangérois et dans sa retraite plus modeste située dans le Jardin Majorelle de Marrakech. Une porte discrète et un haut mur dissimulent aux regards des passants l'ancienne champignonnière du peintre nancéien Jacques Majorelle – une orangerie couleur d'ocre rouge entourée d'une jungle de plantes vertes et de palmiers que perce un vénérable poivrier dont le tronc imposant domine le salon. Le cadre sied parfaitement au décorateur original et obstiné. Vêtu d'un kaftan somptueux, paré de bijoux et possédant une allure indéniable, Monsieur de Velasco étonne ses amis, ses invités de marque et ses clients par sa prédilection pour les énormes bouquets de roses, les meubles indiens couleur d'argent, les plantes luxuriantes, des vases de mandarin géants et – bien sûr – le champagne et le caviar. Les dîners à La Champignonnière sont inoubliables, le maître de maison aussi.

Les roses sont les fleurs préférées de Monsieur de Velasco.

Roses are Adolfo de Velasco's favourite flowers.

Rosen sind die Lieblingsblumen von Adolfo de Velasco.

Le «Maître» – élégant comme toujours – est vêtu d'un kaftan en soie qui porte sa signature.

The Master, elegant as ever in a silk caftan designed by himself.

Der Hausherr – elegant wie immer – trägt einen selbst entworfenen Seidenkaftan.

Adolfo de Velasco belongs to an era which combined originality and a taste for luxury, opulence and exuberance. His delight in these things is everywhere apparent in his Tangier palace, as it is in his more modest retreat in the Majorelle gardens of Marrakesh. The so-called "champignonnière" (mushroom bed) of the painter Jacques Majorelle is hidden from the outside world by a discreet door and a high wall; the building itself is like an orangery, red ochre in colour, surrounded by a jungle of green plants and palm trees. The massive trunk of an elderly pepper tree is the salient feature of the living room, and this backdrop is a perfect one for de Velasco, who has a reputation for wilfulness as well as originality. Dripping with jewels and resplendent in his caftan, he astonishes his friends, guests and clients with his predilection for huge bouquets of roses, silver-chased Indian furniture, luxuriant plants, giant Chinese vases, caviar and champagne. Indeed a dinner at La Champignonnière, like Adolfo de Velasco himself, is not easily forgotten.

Adolfo de Velasco kommt aus einer Zeit, die Eigenwilligkeit mit Sinn für Luxus paarte und weder Prunkentfaltung noch opulente Dekors scheute. Seine Vorliebe für Pracht und Üppigkeit manifestiert sich sowohl in seinem Palais in Tanger als auch in seinem bescheideneren Refugium in den Majorelle-Gärten von Marrakesch. Die ehemalige »champignonnière« (Champignonaufzucht) des Malers Jacques Majorelle aus Nancy ist durch eine diskrete Tür und eine hohe Mauer vor neugierigen Blicken geschützt. Das Gebäude gleicht einer Orangerie in Ocker und Rot und wird von einem Dschungel aus Grünpflanzen und Palmen umgeben, aus dem ein ehrwürdiger Pfefferbaum herausragt, dessen stattlicher Stamm den Salon beherrscht. Dieser Rahmen ist wie geschaffen für den Innenarchitekten, dem man Originalität und Eigensinn nachsagt. In einem prächtigen Kaftan, mit Geschmeide behängt überrascht De Velasco Freunde, prominente Gäste und Kunden mit seinem Auftritt und seiner Vorliebe für riesige Rosenbouquets, silberfarbene indische Möbel, üppige Pflanzen, überdimensionierte chinesische Vasen und natürlich Champagner und Kaviar. Die Diners in der Champignonnière vergisst man ebensowenig wie den Hausherrn selbst.

De Velasco a un talent exceptionnel pour dresser des tables avec ce qu'il possède de plus beau et de plus précieux.

De Velasco likes to see his tables covered with his most beautiful and precious possessions.

De Velasco dekoriert die Tische mit seinen schönsten und kostbarsten Dingen.

CI-DESSUS: *Le salon fleuri reflète le goût du faste du maître de maison.*
A DROITE ET PAGE DE DROITE: *des bouquets serrés de fleurs opulentes et écloses dans toute leur splendeur colorée.*
DOUBLE PAGE SUIVANTE: *Un paravent indien habillé d'or et d'argent sépare le salon plus intime, des salons de réception.*

ABOVE: *The salon reflects its owner's love of extravagant luxury.*
RIGHT AND FACING PAGE: *tightly packed bouquets of flowers, in all their blossoming splendour.*
FOLLOWING PAGES: *An Indian screen lined with silver and gold separates the reception rooms from a more intimate area.*

OBEN: *Der Salon spiegelt die Vorliebe des Hausherrn für extravaganten Luxus.*
RECHTS UND RECHTE SEITE: *dichte Bouquets opulenter Rosen in voller Blütenpracht.*
FOLGENDE DOPPELSEITE: *Ein mit Gold und Silber belegter indischer Paravent trennt den privateren Salon von den Empfangsräumen.*

Hetti von Bohlen und Halbach

Bled Targui

En 1965, le roi Hassan II fit don au baron Alfred Krupp d'un vaste domaine situé à quelques kilomètres de Marrakech, sur la route de Targa, où on cultivait jadis des orangers et des citronniers. Le baron Krupp mourut deux ans plus tard, et c'est son héritier, le flamboyant Arndt von Bohlen und Halbach qui transforma le domaine agricole en un palais de rêve, y faisant édifier une villa «hollywoodienne», parsemant la propriété de palmiers, de statues, de fontaines, la dotant d'une piscine californienne et d'un plan d'eau digne des plus beaux palais mauresques. Construit d'après des plans de l'architecte Robert Franck, peaufiné par Gerofi de Tanger et par le talentueux Donald Nardona – un artiste italo-américain qui réalisa aussi les lustres et les objets décoratifs en métal polychrome, Bled Targui devint le cadre d'une vie mondaine scintillante qui se prolongea au-delà de la disparition du dernier des Krupp en 1986. Sa veuve Hetti, née princesse von Auersperg, a en effet repris le flambeau et avoue en riant, avoir donné une note autrichienne à Bled Targui. Peu importe, car on ne saurait imaginer maîtresse de maison plus exceptionnelle et plus accueillante.

DOUBLE PAGE PRECEDENTE: *la terrasse vue de l'entrée.*
A GAUCHE: *une arche dans la salle de bains de feu le maître de maison.*
CI-DESSUS: *un coussin en petit point orné d'un dromadaire.*

PREVIOUS PAGES: *the terrace, viewed from the hall.*
LEFT: *an arch in the late owner's bathroom.*
ABOVE: *a cushion in "petit point" decorated with the image of a dromedary.*

VORHERGEHENDE DOPPELSEITE: *die Terrasse vom Eingang aus gesehen.*
LINKS: *ein Bogen im Bad des verstorbenen Hausherrn.*
OBEN: *ein mit einem Dromedar besticktes Kissen.*

Sur la terrasse située derrière la maison, la table et les chaises en rotin ont accueilli un grand nombre d'invités.

The rattan table and chairs on the terrace behind the house have given rest and solace to many a guest.

Auf der hinter dem Haus gelegenen Terrasse haben Tisch und Korbstühle schon vielen Gästen Platz geboten.

In 1965, King Hassan II presented Baron Alfred Krupp with a large citrus-growing estate a few kilometres from Marrakesh, on the road to Targa. Baron Krupp died a couple of years later, and his heir, the flamboyant Arndt von Bohlen und Halbach, transformed the farm into a dream palace, building a Hollywood-style villa and covering the property with palm trees, statues and fountains. There was also a California-scale swimming pool and a canal worthy of a great Moorish palace. Designed by the architect Robert Franck and completed by Gerofi of Tangier and by the gifted Donald Nardona (an Italian-American artist who made all its polychrome metal chandeliers and decorative objects), Bled Targui became the focus for a fashionable circle which persisted well after the death of the last of the Krupps in 1986. His hospitable widow, the former Princess Hetti von Auersperg, has continued to maintain the house with great brio and generosity, even adding what she blithely calls a "touch of Austria" to Bled Targui.

1965 schenkte König Hassan II. Baron Alfred Krupp ein weitläufiges Landgut. Das Anwesen, auf dem früher Orangen und Zitronen gepflanzt wurden, liegt ein paar Kilometer außerhalb von Marrakesch an der Straße nach Targa. Als der Baron 1967 starb, verwandelte sein prominenter Erbe Arndt von Bohlen und Halbach das Anwesen in einen traumhaften Palast. Er ließ eine Villa im Hollywood-Stil errichten und überall auf dem Grundstück Palmen pflanzen sowie Statuen und Springbrunnen aufstellen. Der kalifornische Swimmingpool und die Wasseranlage sind den schönsten maurischen Palästen würdig. Gebaut nach den Plänen des Architekten Robert Franck, vollendet von Gerofi aus Tanger und dem talentierten italo-amerikanischen Künstler Donald Nardona (der auch die Lüster und dekorativen Objekte aus polychromem Metall gestaltete), wurde Bled Targui zum Schauplatz eines mondänen Kreises, der über den Tod des letzten Krupp im Jahr 1986 Bestand hat. Die Nachfolge hat seine Witwe Hetti, geborene Prinzessin von Auersperg, angetreten. Die ebenso außergewöhnliche wie gastfreundliche Hausherrin bekennt lachend, Bled Targui eine österreichische Note verliehen zu haben.

Le cheval marin en bronze est une copie agrandie d'un modèle en porcelaine de Nymphenburg.

The bronze seahorse is an enlarged copy of a Nymphenburg porcelain original.

Das Seepferd aus Bronze ist eine vergrößerte Nachbildung eines Nymphenburger Porzellanmodells.

A GAUCHE: *le «petit» salon marocain avec alcôve et divan.*
PAGE DE DROITE: *Un vieux palmier a été intégré dans le palais.*
DOUBLE PAGE SUIVANTE: *Le décorateur Donald Nardona a imaginé une salle de bains somptueuse avec un petit salon attenant où l'œil s'attarde avec plaisir sur une cheminée tapissée de zelliges.*

LEFT: *the small Moroccan salon with its alcove and divan.*
FACING PAGE: *An old palm tree has been integrated into the palace.*
FOLLOWING PAGES: *The decorator Donald Nardona devised a sumptuous bathroom with a small salon adjoining, where the eye lingers with pleasure on a fireplace covered with "zelligs".*

LINKS: *der »kleine« marokkanische Salon mit Alkoven und Divan.*
RECHTE SEITE: *Eine alte Palme wurde in den Palast integriert.*
FOLGENDE DOPPELSEITE: *Der Innenarchitekt Donald Nardona hat ein prächtiges Badezimmer mit einem angrenzenden kleinen Salon entworfen, in dem ein mit »zelliges« verkleideter Kamin der Blickfang ist.*

DOUBLE PAGE PRECEDENTE: *La demeure marocaine traditionnelle doit beaucoup de sa magie aux moucharabiehs qui filtrent la lumière.*
CI-DESSUS: *le grand canal de Bled Targui.*
A DROITE: *Sur la cheminée du grand salon, un bouquet de fleurs en métal émaillé signé Donald Nardona.*
PAGE DE DROITE: *la salle à manger aux airs de jardin. Le mobilier est signé Knoll.*

PREVIOUS PAGES: *The traditional Moroccan house owes much of its magic to "moucharabiehs" that filter and soften the light from outside.*
ABOVE: *the grand canal of Bled Targui.*
RIGHT: *a bouquet of flowers in enamelled metal by the late Donald Nardona, on the chimneypiece of the main drawing room.*
FACING PAGE: *The garden-like dining room with its Knoll furniture.*

VORHERGEHENDE DOPPELSEITE: *Der traditionelle marokkanische Wohnsitz verdankt viel von seinem Reiz den »moucharabiehs«, die das Licht filtern.*
OBEN: *der große Kanal von Bled Targui.*
RECHTS: *auf dem Kamin ein Blumenbouquet aus emailliertem Metall von Donald Nardona.*
RECHTE SEITE: *das nach einem Garten anmutende Esszimmer, dessen Mobiliar von Knoll stammt.*

Apres le Bauhaus

Tanger – Cap Spartel

Kees Van Dongen peignit son «Jeune Arabe» sur la plage Cap Spartel, et Henri Matisse se laissa lui aussi inspirer par la magie de ce lieu, jadis désert, à deux pas du célèbre phare. Mais on se demande pourquoi cet endroit a exercé une telle attirance sur Herbert Bayer, une des figures de proue du Bauhaus allemand, au point qu'il ait décidé d'y construire une villa dans le style épuré de l'école de Weimar. Celui qui a acheté la Villa Tingitane il y a quelques années ne s'est pas laissé influencer par l'architecture caractéristique dictée par Walter Gropius et ses émules. Et son architecte, le Belge Nicolas de Liedekerke, tout en respectant les principes du Bauhaus, a doté le bâtiment de fenêtres plus vastes, d'une piscine spectaculaire, d'une terrasse couverte et d'une maison d'amis. Les tons ocre et bleu indigo à l'extérieur s'harmonisent parfaitement avec le jardin luxuriant planté de palmiers. Le maître de maison a passé une grande partie de sa jeunesse au Zaïre et l'intérieur a été décoré en restant fidèle à sa passion pour les masques et les tissus africains et à cette palette qui emprunte ses nuances subtiles à la terre rouge, au sable et aux épices.

Une porte bleue cloutée s'ouvre sur une cour intérieure.

A studded blue door opening on an inner courtyard.

Eine mit Nägeln beschlagene blaue Tür führt in einen Innenhof.

L'imposante villa construite par Herbert Bayer est entourée d'un magnifique jardin. La piscine est tapissée de carreaux bleus.

The villa built by Herbert Bayer is surrounded by a magnificent garden. The pool is lined with blue tiles.

Die imposante Villa, die Herbert Bayer erbaut hat, ist von einem herrlichen Garten umgeben. Das Schwimmbecken ist mit blauen Fliesen ausgekleidet.

Kees Van Dongen painted his "Young Arab" on the beach at Cap Spartel, and Henri Matisse was also inspired by the magic of this once deserted place close to the famous lighthouse. But one wonders why this place had such a strong attraction for Herbert Bayer, one of the leading lights of the German Bauhaus; so strong indeed that he built a villa here in the stark style of the Weimar school. The man who bought the Villa Tingitane a few years ago rejected the characteristic architecture dictated by Walter Gropius and his followers. Instead his Belgian architect, Nicolas de Liedekerke, broadened the existing building's windows and installed a spectacular swimming pool, a covered terrace and a guest annexe, all the while respecting the villa's Bauhaus origins. The ochre and indigo-blue tones of the exterior harmonize perfectly with the luxuriant garden planted with palm trees. The owner of the house spent a good part of his youth in Zaire and the interior has been decorated with an eye to his passion for African masks and fabrics, using a range of colours drawn from the red earth, sands and spices of Morocco.

Kees Van Dongen malte seinen »Jungen Araber« am Strand des Cap Spartel und auch Henri Matisse ließ sich von der Magie des einst menschenleeren Ortes in unmittelbarer Nähe des berühmten Leuchtturms inspirieren. Aber man fragt sich schon, was Herbert Bayer, eine der Gallionfiguren des Bauhauses, an jenem Platz so faszinierte, dass er dort eine Villa im schmucklosen Stil der Weimarer Schule errichtete. Der heutige Besitzer, der die Villa Tingitane vor einigen Jahren erwarb, ließ sich von der durch Walter Gropius und seine Schüler vorgegebene Architekturprägung nicht einschüchtern. Sein belgischer Architekt Nicolas de Liedekerke hat den Bau mit größeren Fenstern, einem spektakulären Swimmingpool, einer überdachten Terrasse und einem Gästehaus versehen – alles unter Wahrung der Bauhausgrundsätze. Die Ocker- und Indigotöne der Außenwände harmonieren mit dem üppigen, mit Palmen bepflanzten Garten. Der Hausherr hat seine Jugend großenteils in Zaire verbracht und ist bei der Gestaltung der Innenräume seiner Leidenschaft für afrikanische Masken und Stoffe treu geblieben, wie auch einer Farbpalette, deren subtile Tönungen an rote Erde, Sand und Gewürze erinnern.

Les pans de murs bleus et ocre, imaginés par Nicolas de Liedekerke évoquent une toile constructiviste.

The blue and ochre walls were designed by Nicolas de Liedekerke to look like a constructivist painting.

Die blauen und ockerfarbenen Wandflächen, die Nicolas de Liedekerke entworfen hat, erinnern an ein konstruktivistisches Gemälde.

A GAUCHE: *Zoubida vient d'allumer une lanterne dans l'entrée.*
PAGE DE DROITE: *Dans le séjour, les rondeurs des meubles des années 1960 épousent les lignes sobres des lanternes marocaines.*
DOUBLE PAGE SUIVANTE: *Hamid attend l'arrivée des invités. Une chambre d'amis a été préparée.*
PAGES 202 ET 203: *des coussins sur un canapé et les mains de Zoubida: une harmonie parfaite de couleurs et de dessins.*

LEFT: *Zoubida has just lit the lamp in the hallway.*
FACING PAGE: *In the living room, the rounded outlines of the 1960's furniture go well with the stark Moroccan lanterns.*
FOLLOWING PAGES: *Hamid awaits the arrival of new guests. A bedroom has been prepared for them.*
PAGES 202 AND 203: *sofa and cushions and Zoubida's hands: line and colour in perfect harmony.*

LINKS: *Zoubida hat gerade im Eingang eine Laterne angezündet.*
RECHTE SEITE: *Die runden Formen der Möbel aus den 1960er Jahren im Wohnzimmer passen gut zu dem schlichten Design der marokkanischen Laternen.*
FOLGENDE DOPPELSEITE: *Hamid wartet auf die Ankunft der Gäste. Ein Zimmer wurde bereits hergerichtet.*
SEITE 202 UND 203: *Kissen auf einem Kanapee und Zoubidas Hände – ein vollendeter Einklang der Farben und Muster.*

LA FOLIE

Jonathan C. Dawson

Tanger – Marshan

En montant de la plage vers les hauteurs verdoyantes du quartier Marshan, Jonathan Dawson remarqua le toit d'un bâtiment qui émergeait au-dessus des arbres et se mit à rêver d'une «folie» 18e abandonnée et oubliée par le temps. La réalité était moins romantique, puisqu'il s'agissait d'un pavillon en ruine datant des années 1940 mais Jonathan finit par acheter la petite maison après des recherches fébriles et onze mois de tractations épuisantes. Les amis de Dawson apprécient beaucoup son caractère gai et jovial. Et il est vrai que cet Australien fait montre d'un optimisme contagieux dont il a certes eu besoin pour faire face à la rénovation coûteuse du toit et au remplacement des portes et des fenêtres rongées par le temps. De nos jours, Jonathan fait peu de cas des efforts qu'il a fournis, prétendant que les fenêtres viennent des Puces de Tanger, la célèbre Casa Baratta, et que La Folie n'est qu'un amoncellement de meubles et d'objets trouvés à gauche et à droite» – sans oublier le coq vivant Birdie, acheté pour deux Dirhams au marché. Et omettant de mentionner qu'il a transformé un tas de pierres en une «folie» merveilleuse.

Birdie perché sur une chaise de jardin de style Chippendale.

Birdie, perched on a Chippendale-style garden chair.

Auf einem Gartenstuhl im Chippendale-Stil hockt Birdie.

La fenêtre ornée d'un claustra en bois sculpté polychrome.

The window with its polychrome "claustra" in carved wood.

Das mit einem alten polychromen Schnitzholzgitter geschmückte Fenster.

Walking up from the beach to the green heights of the Marshan quarter, Jonathan Dawson noticed the roof of a building among the trees, which made him think of an abandoned 18th century folly. The reality was less romantic – the place turned out to be a ruined pavilion dating from the 1940's – but Jonathan bought it nonetheless after frantic researches and eleven months of exhausting negotiation. Dawson's friends rejoice in his Australian good-nature and joviality; his optimism is indeed contagious, and he needed every ounce of it to get through the expensive renovation of his roof and the replacement of all the dilapidated doors and windows. Today he makes light of these exertions, maintaining that the windows came from the Tangier fleamarket, the famous Casa Baratta, and that La Folie is nothing but a hotch-potch of objects and furniture picked up here and there – not to mention his live rooster Birdie, bought for a couple of "dirhams" at the market. He omits to mention that what he has achieved is no less than the transformation of a pile of rubble into a truly marvellous folly – a real one this time.

Auf dem Weg vom Strand hinauf zu den grünen Höhen des Viertels Marshan bemerkte der Australier Jonathan Dawson eines Tages das Dach eines Gebäudes zwischen den Baumkronen. Das Bild einer verlassenen »Folly« aus dem 18. Jahrhundert kam ihm in den Sinn. Die Wirklichkeit war allerdings weniger romantisch, handelte es sich doch um einen verfallenen Pavillon aus den 1940er Jahren. Trotzdem erwarb Dawson das Häuschen nach fieberhaften Nachforschungen und elfmonatigen zermürbenden Verhandlungen. Dawsons Freunde schätzen seinen fröhlichen und umgänglichen Charakter. Sein geradezu ansteckender Optimismus war sicherlich hilfreich, als es darum ging, die kostspielige Erneuerung des Dachs und das Auswechseln der vielen von der Witterung zerfressenen Türen und Fenster anzugehen. Er macht kein Aufheben von seinen Anstrengungen. Die Fenster seien vom Flohmarkt in Tanger, der berühmten Casa Baratta, und die Einrichtung sei nur eine Ansammlung von Möbeln und Objekten, die er hier und da gefunden habe. Den lebenden Hahn Birdie habe er für zwei Dirham auf dem Markt erstanden. Bei all dem verschweigt er, dass er einen Steinhaufen in eine wunderschöne »Folly« verwandelt hat.

Le portrait de Jonathan par Lawrence Mynott, entouré d'un cadre ancien.

Jonathan's portrait by Lawrence Mynott, in its antique frame.

Jonathans Porträt von Lawrence Mynott hinter einem alten Rahmen.

La Folie a été restaurée avec un soin remarquable dans le moindre détail. La table a été dressée sous un arbre pour un déjeuner entre amis.

La Folie was restored with enormous attention to detail. Under a tree, a table has been set for lunch.

La Folie ist bis ins kleinste Detail mit großer Sorgfalt restauriert worden. Für ein Mittagessen mit Freunden wurde der Tisch unter einem Baum gedeckt.

PAGE DE GAUCHE: *une cheminée d'angle dans le séjour, décorée avec des faïences et des poteries anciennes et le modèle réduit d'un «ksar».*
CI-DESSUS: *Un coin-repos a été aménagé près de la fenêtre, avec des chaises en rotin et une table à thé marocaine.*
A DROITE: *very «british» ce coin près du feu, malgré la présence de faïences et d'objets d'art marocains.*

FACING PAGE: *a corner fireplace in the living room, decorated with pieces of earthenware, old pottery, and a miniature "ksar".*
ABOVE: *a place to relax by the window, with rattan chairs and Moroccan tea table.*
RIGHT: *a very British fireplace, belied by the presence of Moroccan earthenware and art objects.*

LINKE SEITE: *ein Eckkamin im Wohnzimmer, dekoriert mit alten Fayencen und Töpferarbeiten sowie dem verkleinerten Modell eines »ksar«.*
OBEN: *In der Nähe des Fensters laden Korbstühle und ein marrokanischer Teetisch zum Entspannen ein.*
RECHTS: *Trotz der marokkanischen Fayencen und Objekte wirkt diese Kaminecke »very british«.*

CI-DESSUS: *Dans la cuisine, Khalid, le jeune majordome, prépare le thé à la menthe.*
A DROITE: *Le carrelage traditionnel noir et blanc met en valeur les couleurs vives des fruits et des ustensiles de cuisine.*
PAGE DE DROITE: *Sur la terrasse, Ahmed prépare une recette de Jonathan: le poulet au citron arrosé d'une sauce à la crème.*

ABOVE: *Khalid, the young majordomo, prepares mint tea in the kitchen.*
RIGHT: *Traditional black-and-white tiles offset the bright colours of the fruit and the kitchen utensils.*
FACING PAGE: *Ahmed, on the terrace, prepares one of Jonathan's favourite dishes: "poulet au citron" with a cream sauce.*

OBEN: *In der Küche bereitet Khalid, der junge Majordomus, den Minztee.*
RECHTS: *Die traditionellen schwarz-weißen Fliesen unterstreichen die kräftigen Farben der Früchte und Küchengerätschaften.*
RECHTE SEITE: *Auf der Terrasse bereitet Ahmed ein Rezept von Jonathan: Zitronenhühnchen in Sahnesauce.*

Christopher Gibbs

Tanger

Malgré sa crinière blanche et de longues années d'expérience, le célèbre antiquaire Christopher Gibbs a su garder une allure de jeune premier. Le goût sublime de Christopher est renommé, ainsi que son talent pour dénicher des objets, des meubles et des tableaux exceptionnels. Et tel un joaillier qui enfile des perles rares pour créer un collier époustouflant, Christopher a été (et est encore) l'heureux propriétaire de plusieurs maisons dont la beauté et l'originalité ne se laissent décrire qu'en superlatifs. Le secret – s'il y a secret – du «style» Gibbs tient beaucoup à la prédilection de celui-ci pour les objets aux proportions généreuses dont l'authenticité et la patine flattent l'œil des collectionneurs. Est-ce la raison pour laquelle Christopher a acquis l'ancienne propriété des peintres Marguerite et James McBey, disparus aujourd'hui, à Tanger? Quoi qu'il en soit, il a décidé de préserver le charme d'antan de cette demeure, son atelier où dorment le chevalet et quelques tableaux orientalistes et ses vastes pièces bourrées de trésors hétéroclites, de tapis, de broderies et de souvenirs de voyage insolites.

Des glands en passementerie et des tissus aux couleurs vives animent le décor de la maison.

"Passementerie" tassels and bright fabrics enliven the house's décor.

Quasten und Stoffe in kräftigen Farben beleben die Einrichtung des Hauses.

Le jardin à l'anglaise situé derrière la maison.

The English garden behind the house.

Der englische Garten hinter dem Haus.

Despite his mane of white hair and his many years of experience, the brilliant English antique dealer Christopher Gibbs still has a very youthful look. His sublime taste is a byword, as is his talent for finding unusual objects, furniture and pictures. Like a jeweller laying out rare individual pearls before stringing them together in a wondrous necklace, Christopher has been – and still is – the happy owner of several houses, each more beautiful and original than the last. The secret, if there is one, of the Gibbs style has something to do with his fondness for big, generous objects whose authenticity and patina are bewitching to collectors. Was that why he bought this house, which used to belong to the painters Marguerite and James McBey? In any event, he decided to preserve the studio with its easel and Orientalist paintings as it was, and to leave untouched the series of big rooms stuffed with curious treasures, carpets, embroidered fabrics and travel mementos.

Trotz der weißen Haare und seiner langjährigen Erfahrung hat der bekannte Antiquar Christopher Gibbs sich seine jugendliche Ausstrahlung bewahrt. Ebenso legendär wie sein erlesener Geschmack ist seine Begabung, außergewöhnliche Objekte, Möbel und Gemälde aufzustöbern. Wie ein Juwelier, der seltene Perlen auffädelt, um ein atemberautendes Collier zu schaffen, war (und ist) Gibbs glücklicher Besitzer mehrerer Häuser, deren Schönheit und ureigener Charakter sich nur in Superlativen beschreiben lassen. Das Geheimnis seines Stils – so es denn einen gibt – liegt nicht zuletzt in seiner Vorliebe für üppige Objekte, deren Authentizität und Patina dem Auge des Sammlers schmeicheln. Hat er aus diesem Grund das frühere Anwesen der inzwischen verstorbenen Maler Marguerite und James McBey in Tanger gekauft? Jedenfalls wollte er den alten Charme des Ateliers mitsamt der Staffelei und den orientalistischen Gemälden ebenso erhalten wie den der großen Räume mit all den Teppichen, Stickereien und ungewöhnlichen Reiseandenken.

Christopher apprécie la beauté des tissus anciens et les motifs géométriques des tapis et des zelliges.

Christopher loves beautiful old fabrics and the geometrical motifs of "zelligs" and carpets.

Christopher schätzt die Schönheit alter Stoffe und die geometrischen Motive von Teppichen und »zelliges«

Se prohibe la
BLASFEMIA

PAGE DE GAUCHE: *L'humour anglais est toujours présent, et Gibbs n'a pu résister au plaisir d'accrocher un texte insolite sur le mur couleur dragée d'une chambre à coucher.*
A DROITE: *la salle à manger avec sa collection d'anciennes photos de Tanger et ses meubles aux lignes sobres. Le lustre aux pampilles colorées ajoute une note de frivolité.*

FACING PAGE: *Gibbs' special brand of English humour is never far below the surface. This curious text hangs on the wall of one of his bedrooms.*
RIGHT: *the dining room with its collection of old photographs of Tangier and unpretentious furniture. The bright colours of the chandelier add a note of frivolity.*

LINKE SEITE: *Der englische Humor ist bei Gibbs nie weit und so hat er nicht widerstehen können, an der bonbonfarbenen Wand eines Schlafzimmers einen kuriosen Text aufzuhängen.*
RECHTS: *das Esszimmer mit einer Sammlung alter Fotos von Tanger und schlichten Möbeln. Der Lüster mit den farbigen Kristallen fügt einen Hauch Frivolität hinzu.*

A GAUCHE: *Dans les toilettes, un texte amusant invite à la réflexion.*
PAGE DE DROITE: *une paire de babouches brodées en trompe-l'œil sur une broderie ancienne de Fez.*

LEFT: *another droll text, this time in one of the lavatories.*
FACING PAGE: *a pair of babooshes, with "trompe l'œil" embroidered on an old fabric from Fez.*

LINKS: *ein amüsanter Text auf der Toilette.*
RECHTE SEITE: *ein Paar Trompe-l'œil-Babuschen auf einer alten Stickerei aus Fes.*

Jonathan C. Dawson

Tanger

Lorsqu'il ne séjourne pas dans sa «folie» à proximité de la plage de Tanger avec son coq Birdie («son réveil-matin gratuit»), Jonathan Dawson passe ses jours et ses nuits au dernier étage d'un immeuble des années 1950 situé au cœur de la même ville. Il y a quelques années, Dawson a abandonné son splendide «riyad» de Marrakech pour aller vivre à Tanger, car il pense que la médina de Marrakech rend à la longue ses habitants claustrophobes. Alors, il a pris le train pour Tanger, a confié Birdie à un chauffeur de taxi ébahi et est allé refaire sa vie dans un bel appartement spacieux à deux pas de l'hôtel El Minzah. Dawson est un vrai gentleman, il s'habille comme un gentleman et parle comme un gentleman. Mais sa personnalité est aussi teintée d'une pointe de délicieuse excentricité. En effet, vivre dans un appartement «very british» avec un énorme coq français, laisser les fenêtres ouvertes pour que les moineaux voraces puissent partager le dîner de Birdie, et s'entourer d'un mobilier 19e anglais et de bibelots en tout genre aurait enchanté celui qui manque le plus à Tanger et qui était la personnification de l'excentricité: Lord David Herbert.

Le lit à baldaquin est habillé d'une composition audacieuse et très colorée de tissus marocains.

The four-poster bed is upholstered with a bright and daring blend of Moroccan fabrics.

Das Himmelbett ist mit einer bunten Kombination marokkanischer Stoffe ausgekleidet.

Le pommeau en argent d'une canne 19e emprunte les traits d'un personnage enturbanné.

A 19th century cane with a silver handle in the form of a turbaned head.

Der Silberknauf eines Gehstocks aus dem 19. Jahrhundert in Form eines Kopfes mit Turban.

When he isn't staying in his folly near the beach at Tangier with his rooster, Birdie ("my very own alarm clock"), Jonathan Dawson spends his days and nights on the top floor of a 1950's building in the middle of town. A few years ago, Dawson forsook a splendid "riyad" in Marrakesh to come and live in Tangier, on the principle that the Medina in Marrakesh afflicts its inhabitants with claustrophobia. He took the train north, entrusted Birdie to an astonished taxi driver and settled down to reinvent his life in a fine and spacious apartment close to the El Minzah Hotel. Dawson dresses and talks like a thoroughgoing gentleman, but he is not without a touch of fierce eccentricity. He lives in a very British flat in the company of a giant French rooster, leaving the windows wide open so the sparrows can come in and devour whatever is left of its dinner. Moreover, he surrounds himself with 19th century English furniture of all kinds. Surely this demonstrates a level of oddity to rival the late lamented Lord David Herbert, the doyen of Tangier.

Wenn er sich nicht mit Hahn Birdie (seinem »kostenlosen Weckdienst«) in seiner »Folly« nahe dem Strand von Tanger aufhält, verbringt Jonathan Dawson seine Tage und Nächte im obersten Stockwerk eines Gebäudes aus den 1950er Jahren im Zentrum derselben Stadt. Vor einigen Jahren gab Dawson seinen prächtigen »riyad« in Marrakesch auf und zog nach Tanger. Denn er glaubt, dass die Medina von Marrakesch ihre Bewohner auf die Dauer klaustrophobisch werden lässt. Also nahm er die Eisenbahn nach Tanger, übertrug Birdies Transport einem verdutzten Taxifahrer und begann ein neues Leben in einer schönen geräumigen Wohnung nahe des Hotels El Minzah. Dawson ist ein echter Gentleman, er kleidet sich entsprechend und spricht auch so. Gleichzeitig verkörpert er einen Hauch Exzentrik: Mit einem großen französischen Hahn in einer englisch eingerichteten Wohnung zu leben, die Fenster offen zu lassen, damit die gefräßigen Spatzen mit Birdie das Abendessen teilen können, und sich mit englischem Mobiliar aus dem 19. Jahrhundert und Dekor jeder Art zu umgeben, hätte selbst jenen Mann entzückt, der Tanger am meisten fehlt und ein Inbegriff der Exzentrik war: Lord David Herbert.

Humour et irrévérence: Le buste néoclassique sert de support à des couvre-chefs de toutes origines.

Humour and irreverence: a neo-classical bust used as a motley hat stand.

Humor und Respektlosigkeit: Die klassizistische Büste dient als Träger für Hüte aus aller Herren Ländern.

A GAUCHE: *Ahmed Tazini, le chauffeur, porte une djellabah rouge vif et un fez.*
PAGE DE DROITE: *la salle à manger avec ses murs rouges et ses meubles anglais.*
DOUBLE PAGE SUIVANTE: *sur la cheminée du séjour, une paire de bougeoirs en bronze doré, un compotier et un couple de perroquets en porcelaine. Le tableau est signé Abdelaziz Llkhatif.*

LEFT: *Ahmed Tazini, the chauffeur, in his bright red jellaba and fez.*
FACING PAGE: *the dining room, with its red walls and English furniture.*
FOLLOWING PAGES: *a couple of gilt-bronze candlesticks, a fruit bowl and a pair of china parrots on the living room chimneypiece. The painting is by Abdelaziz Llkhatif.*

LINKS: *Ahmed Tazini, der Fahrer, trägt eine leuchtend rote »djellabah« und einen Fes.*
RECHTE SEITE: *das Esszimmer mit seinen roten Wänden und englischen Möbeln.*
FOLGENDE DOPPELSEITE: *zwei vergoldete Bronzekerzenständer, eine Fruchtschale und ein Papageienpärchen aus Porzellan auf dem Kamin des Wohnzimmers. Das Gemälde stammt von Abdelaziz Llkhatif.*

Anthea et Lawrence Mynott

Tanger

Le portraitiste anglais Lawrence Mynott et son épouse Anthea adorent Tanger, et pas seulement pour son climat et son ambiance fascinante. En fait, ce qui a décidé les Mynott à passer une grande partie de l'année dans la ville «favorite» de Paul Bowles, celle où Eugène Delacroix, Henri Matisse et Kees Van Dongen puisaient leur inspiration, c'est qu'ils y ont trouvé un penthouse impressionnant au sommet d'un de ces élégants immeubles des années 1950 dotés d'une cage d'escalier imposante, dans lequel Lawrence a enfin trouvé un bel espace pour installer son atelier. Un véritable nid d'aigle avec une vue inoubliable sur la mosquée Mohammed V et les toits de la ville. Les Mynott auraient pu côtoyer la société hypersophistiquée du temps de Cecil Beaton, car on retrouve chez eux le goût du luxe, les chinoiseries, les papiers peints, les livres, le mobilier hybride et les couleurs franches qu'affectionnait cette société décadente de l'entre-deux guerres. Le contraste avec le décor dépouillé de l'atelier un étage plus haut est surprenant. Là, seuls les portraits de personnages célèbres trahissent le penchant du peintre pour un monde à jamais disparu.

Une décoration chinoise en porcelaine et passementerie embellit les embrasses d'un rideau.

A combination of porcelain and trimmings embellishes the tie-back of a curtain.

Eine chinesische Dekoration aus Porzellan und Posamenten verschönert die Raffhalter eines Vorhangs.

La bibliothèque avec un buste de Louis XIV et une reproduction de «La Famille Sitwell», un célèbre tableau de John Singer Sargent.

A bust of Louis XIV and a reproduction of John Singer Sargent's "The Sitwell Family" in the library.

Die Bibliothek mit einer Büste von Ludwig XIV. und einer Reproduktion der »Familie Sitwell«, einem berühmten Gemälde von John Singer Sargent.

The English portrait painter Lawrence Mynott and his wife Anthea have a deep affection for Tangier, and not only on account of its climate and its intriguing ambience. In fact, what made the Mynotts decide to spend most of their time in Paul Bowles's favourite town, the source of so much inspiration for Henri Matisse, Eugène Delacroix and Kees Van Dongen, was their discovery of a terrific penthouse apartment in an elegant 1950's building. There was also a magnificent staircase and a beautiful space for Lawrence's studio, with a superb view across the rooftops of Tangier to the Mohammed V Mosque. The Mynotts might have stepped straight from the hypersophisticated era of Cecil Beaton; they have the same aesthetic love of luxury, "chinoiserie", wallpaper, books, hybrid furniture and forthright colours that characterized decadent English society between the wars. The contrast between their apartment and the austere décor of Lawrence's studio on the floor above is all the more astonishing: here, only the artist's paintings of famous figures from the past betray his fondness for a world that has gone forever.

Der englische Porträtmaler Lawrence Mynott und seine Frau Anthea bewundern Tanger nicht nur des Klimas und faszinierenden Ambientes wegen. Ausschlaggebend bei ihrer Entscheidung, einen Großteil des Jahres in der Lieblingsstadt von Paul Bowles und der Inspirationsquelle von Eugène Delacroix, Henri Matisse und Kees Van Dongen zu leben, war die Entdeckung eines eindrucksvollen Penthouses in einem eleganten 1950er-Jahre-Bau. Es gab ein imposantes Treppenhaus und einen schönen Raum, in dem Lawrence endlich sein Atelier einrichten konnte. Ein wahrer Adlerhorst mit unvergesslichem Blick auf die Moschee Mohammed V. und die Dächer der Stadt. Die Mynotts hätten durchaus in der hyperkultivierten Gesellschaft zu Zeiten Cecil Beatons verkehren können. Auch sie haben einen Hang zum Luxus, lieben die Chinoiserien, die Tapeten, die Bücher, das gemischte Mobiliar und die klaren Farben, die bezeichnend waren für die dekadente Gesellschaft zwischen den Kriegen. In erstaunlichem Konstrast dazu ist Lawrences Atelier im Stockwerk darüber schmucklos ausgestattet. Dort verraten nur seine Porträtmalereien berühmter Persönlichkeiten seine Vorliebe für eine untergegangene Epoche.

Un coin du salon chinois avec son papier peint à l'orientale 18e et son ravissant lambris rose bonbon.

A corner of the Chinese salon, with 18th century oriental wallpaper and ravishing pink panels.

Eine Ecke des chinesischen Salons mit Tapeten im östlichen Stil des 18. Jahrhundert und einer hinreißenden bonbonrosanen Täfelung.

A DROITE: *Selon Lawrence Mynott, le papier peint chinois aurait appartenu à Madeleine Castaing, la doyenne des décorateurs français. L'artiste a accentué l'ambiance orientale à l'aide de «chinoiseries».*
DOUBLE PAGE SUIVANTE: *Sur la commode, un buste de terre cuite 19e est entouré de pagodes et d'une paire de personnages en bronze doré transformés en lampes.*

RIGHT: *According to Lawrence Mynott, his Chinese wallpaper once belonged to Madeleine Castaing, the doyenne of French interior decorators. The oriental ambience is accentuated by sundry "chinoiseries".*
FOLLOWING PAGES: *a 19th century terracotta bust on a commode, surrounded by pagodas and a pair of gilt-bronze figures adapted as lamps.*

RECHTS: *Laut Lawrence Mynott hat die chinesische Tapete Madeleine Castaing gehört, der großen alten Dame der französischen Innenarchitekten. Mit Hilfe von Chinoiserien hat der Künstler das orientalische Ambiente betont.*
FOLGENDE DOPPELSEITE: *Auf der Kommode rahmen Pagoden und zwei zu Lampen umgestaltete vergoldete Bronzefiguren eine Terrakottabüste aus dem 19. Jahrhundert ein.*

風水

風水

A GAUCHE: *Des brins de muguet artificiel poussent dans une jardinière en porcelaine.*
PAGE DE DROITE: *Dans la salle à manger, le rose vif et le vert pistache servent de toile de fond à une table guéridon et des chaises cannées.*
DOUBLE PAGES SUIVANTE: *Le rose des murs sied à merveille aux masques vénitiens et aux chaises rococo.*

LEFT: *artificial lilies-of-the-valley in a porcelain "jardinière".*
FACING PAGE: *the dining room, where bright pink and pistachio green serve as a background to the guéridon table and Rococo chairs.*
FOLLOWING PAGES: *The pink walls are a perfect foil for Venetian masks and rococo chairs.*

LINKS: *Künstliche Maiglöckchen »wachsen« in einem Blumentopf aus Porzellan.*
RECHTE SEITE: *Im Esszimmer bilden kräftiges Rosa und Pistaziengrün den Hintergrund für den Tisch mit Rohrgeflechtstühlen.*
FOLGENDE DOPPELSEITE: *Das Rosa der Wände passt wunderbar zu den venezianischen Masken und Rokkokostühlen.*

TI AVGVST

Yves Taralon

Tanger – Marshan

La maison du décorateur Yves Taralon ressemble à un navire blanc échoué sur les falaises de Tanger après une croisière de luxe. La présence de plusieurs terrasses qui forment un balcon sublime sur les rochers au-dessus de la mer renforce d'ailleurs cette impression. Taralon peut être fier de posséder cette maison exceptionnelle, coincée entre le célèbre Café Hafa – le lieu de prédilection des «hippies» qui, jadis, venaient boire du thé à la menthe et fumer du haschich – et une villa blanche digne d'un pacha. Cependant, qui d'autre que Taralon aurait pu maîtriser ce labyrinthe de pièces de dimensions modestes formant un ziggourat vertigineux qui semble vouloir se jeter dans la mer? Le décorateur n'a pas touché aux détails architecturaux traditionnels – colonnes, arches, ghebs – et a choisi le blanc comme couleur de base. Ceci pour mieux faire ressortir le rose «shocking» de la salle à manger, le jaune tournesol de la cuisine, le badigeon couleur de plomb de l'entrée, la tache rouge du canapé dans le salon et le bleu-blanc-rouge des coussins rayés sur la terrasse. Le créateur du Art Café de Strasbourg et du Café Marly à Paris fait ici un clin d'œil à sa patrie.

DOUBLE PAGE PRECEDENTE: *la Méditerranée d'un bleu de rêve, vue depuis une des terrasses. Yves a dessiné les banquettes.*
A GAUCHE: *décor noir et blanc pour un petit salon côté mer.*

PREVIOUS PAGES: *the blue Mediterranean, seen from one of the terraces. Yves designed the benches himself.*
LEFT: *a small black and white salon on the seaward side of the house.*

VORHERGEHENDE DOPPELSEITE: *Blick von einer der Terrassen auf das traumhaft blaue Mittelmeer. Die Bänke hat Yves entworfen.*
LINKS: *schwarz-weißes Dekor für einen kleinen zum Meer gelegenen Salon.*

Un tableau contemporain égaye les toilettes de ses couleurs franches.

A contemporary painting to brighten a cloakroom.

Die frischen Farben eines zeitgenössischen Gemäldes lockern den Toilettenraum auf.

The house of the decorator Yves Taralon looks very like a white ocean-going ship that has foundered against the cliffs of Tangier after a luxury cruise. The presence of several terraces on the rocks overlooking the water makes this impression even stronger. Taralon can be proud of the fact that he possesses this remarkable building, sandwiched as it is between the Café Hafa, once a favorite haunt of hashish-smoking, mint-tea-drinking hippies, and a white villa worthy of a great pasha. Who else but he could have mastered its labyrinth of small rooms and turned them into a "ziggourat" teetering over the sea? He did not touch the traditional architectural details – columns, arches, "ghebs" – and chose white as his basic colour, the better to emphasize the shocking pink of the dining room, the sunflower yellow of the kitchen, the lead-grey wash in the hall, the red of the living room sofa and the red, white, and blue striped cushions on the terrace. This last, of course, is a nod to France, from the distinguished creator of the Art Café in Strasbourg and the Café Marly in Paris.

Une Nana gonflable de Niki de Saint Phalle semble se prosterner devant le mannequin en fil de fer.

An inflatable Nana by Niki de Saint Phalle, seemingly prostrate before a wire tailor's dummy.

Eine aufblasbare Nana von Niki de Saint Phalle scheint sich vor der Schneiderpuppe aus Draht zu verneigen.

Das Haus des Innenarchitekten Yves Taralon gleicht einem weißen Luxusliner, der nach einer Kreuzfahrt auf den Klippen von Tanger gestrandet ist. Die Terrassen auf den Felsen, die den Blick über das Meer freigeben, unterstreichen diesen Eindruck. Taralon kann stolz auf den Besitz dieses Hauses sein, das zwischen dem berühmten Café Hafa liegt, dem ehemaligen Treffpunkt der Hippies, die früher dort ihren Minztee tranken und Haschisch rauchten, und einer weißen Villa, die eines Paschas würdig wäre. Doch wer außer Taralon hätte dieses Labyrinth bescheiden dimensionierter Zimmer gestalten können, die einen schwindelerregenden Zikkurat bilden, der aussieht, als wolle er sich ins Meer stürzen? Der Innenarchitekt hat die traditionellen architektonischen Elemente – Säulen, Bögen, »ghebs« – nicht angetastet und als Grundfarbe Weiß gewählt. Um so deutlicher sticht das Knallrosa im Esszimmer hervor, das Sonnenblumengelb in der Küche, die bleifarbene Tünche im Eingangsbereich, der rote Tupfer, den das Sofa im Salon setzt und das Blau-Weiß-Rot der gestreiften Kissen auf der Terrasse. Letztere sind ein augenzwinkernder Verweis des Schöpfers des Straßburger Art Café und des Café Marly in Paris auf sein Heimatland.

A DROITE: *une terrasse avec vue sur la mer et sur les falaises du Marshan. Les chaises sont signées Harry Bertoia et la lanterne porte la griffe du maître de maison.*
DOUBLE PAGE SUIVANTE: *Chez les Taralon, on aime les voyages. Le bateau miniature semble prêt à larguer les amarres.*

RIGHT: *a terrace overlooking the sea and the cliffs of Marshan. The chairs were designed by Harry Bertoia and the lantern by Yves Taralon.*
FOLLOWING PAGES: *The Taralons are great travellers; this miniature boat looks ready to weigh anchor and sail away.*

RECHTS: *eine weitere Terrasse mit Blick auf das Meer und die Klippen des Stadtviertels Marshan. Die Stühle stammen von Harry Bertoia, die Laterne trägt die Handschrift des Hausherrn.*
FOLGENDE DOPPELSEITE: *Die Taralons reisen gerne; die Schiffsminiatur scheint bereit, in See zu stechen.*

PAGE DE GAUCHE: *Taralon a dessiné les portes-fenêtres en fer forgé qui séparent la salle à manger de la terrasse. Leur dessin fait écho aux sièges de Harry Bertoia.*
A DROITE: *L'image puissante des vagues aux reflets changeants sur une mer d'azur domine l'espace au-dessus d'un canapé signé Jacques Demignot. Des chaises en toile trouvées à la Casa Baratta (les Puces de Tanger) et un tapis marocain s'harmonisent avec le canapé flamboyant.*

FACING PAGE: *Wrought iron window frames, designed by Yves Taralon in the same style as his Harry Bertoia chairs, divide the dining room from the terrace.*
RIGHT: *a powerful image of gleaming breakers and blue sea above a sofa by Jacques Demignot. Canvas chairs found at the Casa Baratta (the Tangier fleamarket) and a Moroccan carpet go perfectly with the colourful sofa.*

LINKE SEITE: *Yves Taralon hat die schmiedeeisernen Fenstertüren entworfen, die das Esszimmer von der Terrasse trennen. Ihr Design bildet ein Gegenstück zu den Stühlen von Harry Bertoia.*
RECHTS: *Das ausdrucksstarke Bild der azurblauen, schillernden Wellenspiegelungen beherrscht den Raum über dem Kanapee von Jacques Demignot. Der marokkanische Teppich harmoniert farblich, die Sessel stammen von der Casa Baratta, dem Flohmarkt von Tanger.*

Auberge Tangaro

Essaouira

On trouve l'Auberge Tangaro à quelques heures de route de Marrakech en empruntant un trajet pittoresque où l'œil surpris découvre des arganiers décorés de chèvres gloutonnes, ce qui leur donne des airs d'arbres de Noël! La réputation d'Essaouira, ville côtière fascinante, face à l'Atlantique dont les vagues sauvages lancinent les murs blancs de ses remparts, n'est plus à faire. Nous voici en plein cœur de l'ancienne Mogador, autrefois plaque tournante d'un commerce légendaire, ancien repaire de contrebandiers et de pirates. Quoi de plus impressionnant qu'un ancien palais de pacha baignant ses vestiges rongés dans la mer et qui inspira à Jimi Hendrix son célèbre «Castles made of sand»? Sur la route de Tangaro, l'Auberge Tangaro semble vouloir satisfaire le goût de ses visiteurs pour l'insolite en leur offrant un calme qui se fait rare à l'aube du 21e siècle et que soulignent une position en nid d'aigle face à l'océan, un décor dépouillé et une palette presque exclusive de bleu et de blanc. Ici, le visiteur ne trouve ni radio, ni téléphone ni télévision, rien de tout ce qui pourrait nuire au bien-être de ceux qui on cherché refuge entre ces murs.

DOUBLE PAGE PRECEDENTE: *les remparts et les maisons blanches de l'ancienne Mogador.*
A GAUCHE: *Une lanterne bleue et des colonnes blanches reposent le regard.*

PREVIOUS PAGES: *the ramparts and white houses of the former Mogador.*
LEFT: *the soothing effect of a blue lantern and white columns.*

VORHERGEHENDE DOPPELSEITE: *die Befestigungsmauern und die weißen Häuser des ehemaligen Mogador.*
LINKS: *Eine blaue Laterne und weiße Säulen bieten dem Auge Entspannung.*

A DROITE ET DOUBLE PAGE SUIVANTE: *Le mariage aux vertus magiques du bleu et du blanc, fait de l'Auberge un endroit hors du commun.*

RIGHT, AND FOLLOWING PAGES: *A happy marriage of blue and white is the dominant feature of the Auberge.*

RECHTS UND FOLGENDE DOPPELSEITE: *Die magische Kraft der Verbindung von Blau und Weiß macht die Herberge zu einem außergewöhnlichen Ort.*

The Auberge Tangaro is a few hours from Marrakesh, along a picturesque road bordered by argan trees surprisingly filled with grazing goats, which give them the look of Christmas trees. Essaouira, an enchanting town whose white sea wall is endlessly battered by Atlantic breakers, has long been famous; this is no less than the former Mogador, a centre of maritime commerce and a nest of smugglers and corsairs. What could be more impressive here than a former pasha's palace at the very edge of the sea, the inspiration for Jimi Hendrix's hit "Castles made of Sand"? On the road to Tangaro, the Auberge seems bent on satisfying its visitors' taste for the out of the ordinary, at the same time providing them with a brand of quiet that is rare enough at the dawn of the 21st century. The building looks out across the ocean far below; its décor is austere, and its colours are almost exclusively blue and white. There are no radios, no televisions, and no telephones; nothing, in fact, that can disturb the tranquillity and well-being of those who seek refuge behind these walls.

Die Auberge Tangaro liegt ein paar Autostunden von Marrakesch entfernt. Längs der malerischen Strecke kann man über die Arganenbäume staunen, in denen gefräßige Ziegen herumklettern, was die Pflanzen wie Weihnachtsbäume aussehen lässt. Essaouira, die faszinierende Küstenstadt am Atlantik, deren mächtige Wellen die weißen Befestigungsmauern peitschen, ist längst in aller Munde. Wir befinden uns hier im Zentrum des ehemaligen Mogador, einst Drehscheibe schwunghaften Handels und Unterschlupf von Schmugglern und Piraten. Was wäre eindrucksvoller als ein alter Paschapalast unmittelbar am Meer, der Jimi Hendrix zu seinem berühmten Song »Castles made of sand« inspirierte? Auf der Straße nach Tangaro will die Auberge Tangaro offenbar den Gästen, die das Außergewöhnliche suchen, entgegenkommen und bietet eine für das beginnende 21. Jahrhundert seltene Stille. Hoch über dem weiten Ozean findet der Besucher eine schlichte, fast ausschließlich in Weiß und Blau gehaltene Einrichtung. Hier beeinträchtigen weder Radio noch Telefon noch Fernseher das Wohlbefinden derer, die in diesen Mauern Zuflucht gesucht haben.

A l'Auberge Tangaro, les chambres sont décorées très sobrement.

At the Auberge Tangaro, the bedrooms are decorated with the utmost sobriety.

In der Auberge Tangaro sind die Zimmer sehr schlicht eingerichtet.

PAGE DE GAUCHE: *Au fond d'un corridor qui mène aux chambres, le miroir encadré de noir et d'or étonne dans ce décor presque exclusivement bicolore.*
A DROITE: *Dans les chambres, les tapis et les tissus des couvre-lits et des coussins témoignent de la qualité de l'artisanat marocain.*
DOUBLE PAGE SUIVANTE: *Sur la route d'Essaouira, les arganiers sont envahis par des chèvres gourmandes qui font tomber les noix.*

FACING PAGE: *At the end of a corridor leading to the bedrooms, a black and gold framed looking glass stands out strongly from the otherwise twin-toned décor.*
RIGHT: *In the bedrooms, both the rugs and the fabrics of the bedcovers and cushions testify to the consistently high quality of Moroccan handicrafts.*
FOLLOWING PAGES: *On the road to Essaouira, the argan trees are infested with greedy goats feeding on the leaves and nuts.*

LINKE SEITE: *Im fast ausschließlich zweifarbigen Ambiente fällt der schwarz-goldene Spiegel am Ende eines Flures auf.*
RECHTS: *In den Zimmern zeugen die Teppiche sowie die Stoffe der Bettüberwürfe und Kissen von der Qualität des marokkanischen Kunsthandwerks.*
FOLGENDE DOPPELSEITE: *Über die Arganenbäume an der Straße nach Essaouira machen sich gefräßige Ziegen her, die die Nüsse auf den Boden fallen lassen.*

Une famille berbere

Vallée de l'Ourika

La Vallée de l'Ourika, située au pied de l'Atlas, offre à ses habitants un paysage verdoyant magnifique tout en les confrontant à une existence quotidienne assez rude. Ici et là, la silhouette d'un village berbère au sommet d'une colline fait rêver le visiteur qui songe à ce que serait une vie paisible dans une de ces maisons en pisé. Mais dans cette région des salines située près du torrent dont elle porte le nom, la vie d'une famille comme celle des Aït El Kadi à Taourirt, si elle côtoie la paix et la beauté est aussi une lutte acharnée pour vivre modestement. Dans une maison construite il y a un quart de siècle au cœur d'un hameau, la journée d'Aïcha et de Brahim et de leurs enfants Khadija et Taoufik évolue autour d'une multitude de besognes bien précises. Le père part récolter du sel, la mère s'occupe de son ménage et des animaux et Khadija monte la garde près du four à pain. Le soir, le repas sera servi dans une pièce longue et étroite, aux murs roses et aux poutres vertes, où le souci d'un certain luxe se fait jour dans la présence d'une pendule hybride et dans les bancs confortables aux coussins gais et fleuris.

DOUBLE PAGE PRECEDENTE: *la verte Vallée de l'Ourika. Ça et là des villages couleur d'ocre couronnent les collines.*
A GAUCHE: *une fleur – artificielle – sur un appui de fenêtre.*

PREVIOUS PAGES: *the green valley of the Ourika, with ochre villages on the surrounding hilltops.*
LEFT: *an artificial flower on a windowsill.*

VORHERGEHENDE DOPPELSEITE: *das grüne Ourika-Tal mit ockerfarbenen Dörfern auf den Hügeln der Umgebung.*
LINKS: *eine künstliche Blume auf einer Fensterbank.*

Une horloge de style hybride contraste avec son environnement très coloré.

A clock of undetermined ancestry contrasts with the brightly-coloured surroundings.

Eine nicht einzuordnende Wanduhr hebt sich von der sehr farbenfrohen Wand ab.

The valley of the Ourika, in the foothills of the Atlas, provides its inhabitants with a magnificent green setting to compensate for the hard primitive grind of their work in the fields. At every turn of the river, the outline of a Berber village rears from a hilltop; as a visitor, one cannot help romanticizing about the peaceful life one might live in one of the "pisé" houses of which they are composed. Yet in this area of salt pans, hard by the mountain torrent whose name it bears, the life of a family like the Ait El Kadi of Taourirt is no bed of roses, however peaceful and lovely the surroundings. Indeed it is a real struggle just to carry on in the most modest style. In their village house – built 25 years ago – the working day for Aisha, Brahim and their children Khadija and Taoufik revolves around a multitude of precisely-defined tasks. The father goes out to gather salt; the mother looks after the house and the animals and Khadija takes care of the bread oven. The evening meal is served in a long narrow room, with pink walls and green beams, in which the only traces of luxury are a hybrid clock and the comfortable banks of cushions, printed with brightly-coloured flower patterns, which lie against the wall.

Das am Fuß des Atlas gelegene Ourika-Tal bietet seinen Bewohnern mit seiner wunderbar grünen Landschaft einen Ausgleich für das recht rauhe Alltagsleben. Die Silhouette eines Berberdorfes mag manchen Besucher zu romantischen Träumen von einem friedlichen Leben in den Lehmhäusern hinreißen. Doch in dieser Salinengegend nahe dem Gebirgsbach, dessen Namen sie trägt, bietet das Leben einer Familie wie der Aït El Kadis in Taourirt, zwar Frieden und Schönheit, aber es ist auch ein zäher Kampf um ein bescheidenes Auskommen. Das Tagwerk von Aïcha, Brahim und ihren beiden Kindern Khadija und Taoufik in dem 25 Jahre alten Haus mitten im Dorf dreht sich um eine Vielzahl genau verteilter Aufgaben. Der Vater geht zur Salzernte, die Mutter kümmert sich um den Haushalt sowie die Tiere und Khadija passt auf den Brotofen auf. Abends wird das Essen in einem schmalen langen Raum mit rosa Wänden und grünen Balken aufgetragen. Nur die stilistisch nicht einzuordnende Wanduhr und die bequemen Bänke mit den fröhlich geblümten Kissen sind Zeichen einer bescheidenen Pracht.

Devant le four en terre, Khadija surveille la cuisson du pain.

Khadija, keeping a close eye on the bread oven.

Vor dem Ofen aus Lehm überwacht Khadija das Backen des Brotes.

DOUBLE PAGE PRECEDENTE: *Les murs, les couvre-lits, les tissus et les vêtements – tout est couleur dans la demeure modeste des Aït El Kadi. Sans oublier les personnages: Aïcha Aït El Kadi et son fils Taoufik forment un tableau inoubliable.*
A DROITE: *un salon marocain au cœur d'une ferme traditionnelle de la Vallée de l'Ourika. Avec un sens instinctif du beau, Brahim et Aïcha Aït El Kadi ont su créer une ambiance magique.*

PREVIOUS PAGES: *Walls, bedcovers, fabrics and clothes are all full of colour in the Ait El Kadi family home. And so are the people themselves, in the image of Aicha Ait el Kadi and her son Taoufik.*
RIGHT: *a Moroccan living room in a traditional Ourika Valley farmhouse. Drawing on a simple, unerring instinct for what is beautiful, Brahim and Aisha Ait El Kadi have created an atmosphere in their home which is little short of magical.*

VORHERGEHENDE DOPPELSEITE: *Wände, Bettüberwürfe, Stoffe und Kleidung – in der bescheidenen Behausung der Aït El Kadis ist alles Farbe. Auch Aïcha Aït El Kadi und ihr Sohn Taoufik geben ein unvergessliches, farbenfrohes Bild ab.*
RECHTS: *ein marokkanisches Wohnzimmer in einem traditionellen Bauernhaus im Ourika-Tal. Mit instinktivem Schönheitssinn ist es Brahim und Aïcha Aït El Kadi gelungen, eine zauberhafte Atmosphäre zu schaffen.*

LE PALAIS DU GLAOUI

Télouet, Haut-Atlas

Télouet, situé sur un plateau du Haut-Atlas à une distance agréable de Ouarzazate et du Sahara, abrite une kasbah en ruine, une mosquée et un village dont les maisons en pisé semblent chercher protection auprès de l'ancien palais du célèbre pacha de Marrakech, le Glaoui. Celui-ci se rendait à Télouet une fois par an en Rolls-Royce accompagné de sa famille, de sa suite, d'une partie de ses meubles et même de son argenterie, pour s'occuper de ses vastes terres et de ses humbles sujets. El Hadj Thami el-Glaoui fut un homme dont la puissance et la fortune sont légendaires. Possédant des palais à Marrakech et à Fès, il menait un train de vie d'un luxe inouï. C'est lui qui finança le salon de beauté à Paris du célèbre écrivain Colette, et c'est aussi lui qui décida en 1942 d'embellir Télouet en la dotant d'un ensemble architectural unique au monde. Des centaines d'artisans créèrent à l'intérieur du palais des salles décorées de plafonds en cèdre peints, de ghebs et de zelliges d'une beauté incomparable. Et même si l'ancien palais du Glaoui est aujourd'hui dans un état désolant, les mots manquent pour décrire la magnificence impressionnante du lieu.

DOUBLE PAGE PRECEDENTE: *Telles un mirage, les ruines du palais émergent de la terre rousse.*
A GAUCHE: *détail d'une porte en cèdre sculpté.*

PREVIOUS PAGES: *Mirage-like, the outline of the ruined palace shimmers above the russet landscape.*
LEFT: *detail of a carved cedar wood door.*

VORHERGEHENDE DOPPELSEITE: *Wie eine Fata Morgana ragen die Ruinen des Palasts aus der roten Erde.*
LINKS: *Detailansicht einer geschnitzten Zederntür.*

A DROITE: *la tour en ruine de la mosquée.* DOUBLE PAGE SUIVANTE: *la cour intérieure inondée de soleil.*

RIGHT: *the ruined minaret of the mosque.* FOLLOWING PAGES: *the sun-drenched inner courtyard.*

RECHTS: *der verfallene Turm der Moschee.* FOLGENDE DOPPELSEITE: *der von der Sonne überflutete Innenhof.*

Télouet, on a plateau in the High Atlas an easy drive from Ouarzazate and the Sahara, has a ruined "casbah", a mosque and a village whose "pisé" houses seem to huddle for protection beside the former palace of the celebrated pasha of Marrakesh, the Glaoui. This potentate came once a year to Télouet in his Rolls Royce, accompanied by his family, his entourage, some of his furniture and a good proportion of his table silver, to supervise his enormous estates and dispense justice to his obedient subjects. El Hadj Thami el-Glaoui was a man whose power and wealth were legendary. The owner of palaces in Marrakesh and Fez, he lived a life of staggering extravagance. It was he who financed the Paris beauty salon of the great writer Colette, and it was also he who decided in 1942 to embellish Télouet with an architectural ensemble that was unique in the world at that time. Commissioned by him, hundreds of craftsmen created a series of rooms in the palace's interior decorated with painted cedar ceilings, "ghebs" and "zelligs" of incomparable beauty. And even if the former palace of the Glaoui is today in a sad state of disrepair, it still retains much of its former magnificence.

La grande porte d'entrée mène aux salles construites et décorées en 1942.

The main entrance, leading to the rooms built and decorated in 1942.

Das große Eingangstor führt zu den 1942 erbauten und wundervoll ausgeschmückten Sälen.

Von Ouarzazate und der Sahara aus gut zu erreichen liegt Télouet auf einem Plateau im Hohen Atlas. Es umfasst eine verfallene Kasbah, eine Moschee und ein Dorf, dessen Lehmhäuser im Schutz des ehemaligen Palasts des berühmten Paschas von Marrakesch, des Glaoui, zu stehen scheinen. Dieser pflegte, begleitet von seiner Familie, seinem Gefolge, einem Teil seiner Möbel und sogar seines Silbergeschirrs, sich einmal jährlich im Rolls-Royce in Télouet einzufinden, um sich um seine weitläufigen Ländereien und ergebenen Untertanen zu kümmern. El Hadj Thami el-Glaoui war ein Mann von sagenhafter Macht und großem Vermögen. Er besaß Paläste in Marrakesch und in Fes und führte einen unerhört luxuriösen Lebenswandel. Er war es, der der berühmten Schriftstellerin Colette den Schönheitssalon in Paris finanzierte, und er war es auch, der 1942 beschloss, Télouet mit einem weltweit einzigartigen Bauensemble zu verschönern. Hunderte von Kunsthandwerkern schufen im Innern des Palasts Säle, die mit bemalten Zederndecken, »ghebs« und »zelliges« von unvergleichlicher Schönheit dekoriert wurden. Und selbst wenn der frühere Palast des Glaoui heute in beklagenswertem Zustand ist, fehlen einem die Worte, um die eindrückliche Hoheit dieses Ortes zu beschreiben.

PAGE 268: *De la fenêtre d'un salon, on a une vue imprenable sur Télouet.*
PAGE PRECEDENTE ET A DROITE: *Les appartements du Glaoui témoignent parfaitement de la beauté des arts décoratifs marocains.*
DOUBLE PAGE SUIVANTE: *Une cour intérieure sépare les appartements du harem.*
PAGES 274–277: *Pendant des années, des artisans ont ciselé le cèdre. D'autres ont décoré les murs de millions de zelliges.*

PAGE 268: *the view of Télouet from one of the windows.*
PREVIOUS PAGE AND RIGHT: *The Glaoui's apartments testify to the elegance of Moroccan decorative art.*
FOLLOWING PAGES: *An inner courtyard separates the apartments from the harem.*
PAGES 274–277: *Artisans spent years carving these cedar wood panels, while others decorated the walls with millions of "zelligs".*

SEITE 268: *Durch das Gitterfenster hat man eine unverbaubare Sicht auf Télouet.*
VORHERGEHENDE SEITE UND RECHTS: *Die Räumlichkeiten des Glaoui sind ein perfektes Zeugnis für die Eleganz der marokkanischen Gestaltungskünste.*
FOLGENDE DOPPELSEITE: *Ein Innenhof trennt die Wohnräume vom Harem.*
SEITE 274–277: *Über Jahre hinweg haben Kunsthandwerker das Zedernholz ziseliert. Andere haben die Wände mit Tausenden von »zelliges« verkleidet.*

GLOSSAIRE DES TERMES ARABES ET MAROCAINS
GLOSSARY OF ARABIC AND MOROCCAN TERMS
GLOSSAR DER ARABISCHEN UND MAROKKANISCHEN BEGRIFFE

caïd/caid/Caid	chef musulman responsable de la justice et de l'administration	Muslim chief responsible for justice and administration	für Justiz und Verwaltung zuständiger moslemischer Würdenträger
dar	maison	house	Haus
derb	quartier	quarter	Stadtviertel
djellaba/jellaba/djellaba	long vêtement de dessus à capuchon, fermé devant	a hooded gown closed at the front	vorn geschlossener, langer Kapuzenmantel
fondouk	auberge, centre de commerce, entrepôt de marchandises	hostelry, commercial centre, warehouse	Herberge, Handelszentrum und Warenlager
ghebs	plâtre	plaster, gypsum	Gips, Stuck
hammam/hammam/Hammam	établissement où l'on prend des bains de vapeur	premises used for steam baths	Dampfbad, warme Quelle
kasbah/casbah/Kasbah	palais du souverain et quartier qui l'entoure; citadelle	potentate's palace, and the built-up quarter immediately surrounding it; citadel	Stadtburg und dazugehöriges Viertel, Residenz der Feudalherren im Atlas, befestigte Siedlung
khettara	canal d'irrigation souterrain	underground irrigation canal	unterirdischer Bewässerungskanal
kilim/kilim/Kelim	tapis tissé	woven carpet	Webteppich
ksar	forteresse en terre battue	mud-walled fortress	Festung aus gestampftem Lehm
médina/medina/Medina	mot arabe pour «ville»; désigne aujourd'hui, dans les langues occidentales, les quartiers traditionnels des villes arabes	in Arabic "town"; also used nowadays in Western parlance for the traditional districts of Arab towns	im Arabischen »Stadt«; heute in den westlichen Sprachen für die traditionellen Viertel der arabischen Städte verwendet
menzeh	pavillon de jardin offrant une belle vue	pavilion in a garden with a view	Gartenpavillon mit schöner Aussicht
moucharabieh	grillage de petits bois tournés devant les fenêtres; balcon qui en est pourvu	lattice made of lathe-turned wood; balcony fronted with same	kunstvoll gedrechselte Holzgitter vor Fenster- und Türöffnungen
pisé	terre battue (utilisée notamment pour des murs); peut être mélangée avec de la chaux ou de la paille	sud-dried earth (used especially for walls); it can include lime or straw	Stampflehm (vor allem für Wände verwendet), der Kalk oder Stroh enthalten kann
riyad	jardin clos privé	inside garden or courtyard	umfriedeter privater Garten
souk/souk/Souk	marché	market, bazaar	Markt
tadelakt	enduit à la chaux, coloré, ciré et lissé au savon noir, similaire au stucco italien, utilisé pour les murs et quelquefois les sols	Moroccan wall and occasionally floor treatment comparable to Italian stucco, made of sand and quicklime and polished by stone and black soap	in der Art von italienischem Stuck gefertigter Kalkputz, der mit Stein und schwarzer Seife geglättet und gefärbt wird; für Wand- und gelegentlich auch Bodenflächen verwendet
tajine	plat traditionnel cuisiné au four; désigne aussi le plat de terre cuite et son couvercle conique	Moroccan traditional stew, also the name of the dish with a conical top in which it is cooked	traditionelles Eintopfgericht; auch Bezeichnung für den Tontopf mit konisch zulaufendem Deckel, der für die Zubereitung verwendet wird
tataoui	un assemblage de branches de laurier peintes à décor géométrique	an assembly of bay branches painted with geometrical motifs	eine mit geometrischen Mustern bemalte Verbindung von Lorbeerästen
zelliges/zelligs/zelliges	mosaïques de faïence	mosaic of tiles	Mosaik aus Fayencekacheln
zouaq	technique traditionnelle de peinture sur bois	traditional technique of painting on wood	traditionelle Technik der Holzbemalung

REMERCIEMENTS

ACKNOWLEDGEMENTS

DANKSAGUNG

Mentionner tous ceux qui nous ont accueilli avec une chaleur sincère est impossible. En revanche, ces quelques lignes nous permettent de remercier nos amis Bill Willis, Adolfo de Velasco, Herwig Bartels, Hugo Curletto, Patricia Lebaud, Christine et Abdelaziz Alaoui, Alessandra Lippini et Fabrizio Bizzarri, Jonathan Dawson et Christopher Gibbs pour leur soutien. Et d'exprimer notre reconnaissance à Khalid Akenssous qui nous a guidés à travers ce pays incomparable qui est le sien.

There is no room here for us to mention by name the many, many people who welcomed us so warmly and sincerely during our time in the country. Nevertheless we would like to make special mention, in the few lines given to us for the purpose, of our friends Bill Willis, Adolfo de Velasco, Herwig Bartels, Hugo Curletto, Patricia Lebaud, Christine and Abdelaziz Alaoui, Alessandra Lippini and Fabrizio Bizzarri, Jonathan Dawson and Christopher Gibbs, and thank them for their support. We also wish to express our gratitude to Khalid Akenssous, who was our guide from end to end of his incomparable country.

Unmöglich, alle zu erwähnen, die uns mit aufrichtiger Herzlichkeit empfangen haben. Immerhin erlauben es diese knappen Zeilen, unseren Freunden Bill Willis, Adolfo de Velasco, Herwig Bartels, Hugo Curletto, Patricia Lebaud, Christine und Abdelaziz Alaoui, Alessandra Lippini und Fabrizio Bizzarri, Jonathan Dawson und Christopher Gibbs für ihre Unterstützung zu danken. Und Khalid Akenssous unseren Dank auszusprechen, der uns durch sein unvergleichliches Heimatland geführt hat.

Barbara & René Stoeltie

COUVERTURE: *La grande fontaine au palais Ayadi, Marrakech.*
FRONT COVER: *Fountain at Ayadi Palace, Marrakech.*
UMSCHLAGVORDERSEITE: *Springbrunnen im Palais Ayadi, Marrakesch.*
DOS DE COUVERTURE: *L'entrée de la maison de Frans Ankoné, Marrakech.*
BACK COVER: *The hall of Frans Ankoné's house, Marrakesh.*
UMSCHLAGRÜCKSEITE: *Der Eingangsbereich im Haus von Frans Ankoné, Marrakesch.*
PAGES DE GARDE: *cour intérieure de la maison d'Hugo Curletto et Arnaud Marty-Lavauzelle à Marrakech.*
ENDPAPER: *patio of Hugo Curletto and Arnaud Marty-Lavauzelle's house, Marrakesh.*
VORSATZPAPIER: *Innenhof des Hauses von Hugo Curletto und Arnaud Marty-Lavauzelle, Marrakesch.*
PAGE 2: *un vendeur de pastèques, sur la route qui mène à la Vallée de l'Ourika.*
PAGE 2: *a melon seller, on the road to the Ourika Valley.*
SEITE 2: *Melonenverkäufer auf der Straße zum Ourika-Tal.*
PAGE 4: *une paire de babouches brodées imitant des pieds nus ornés de bagues, dans la chambre à coucher de Christopher Gibbs à Tanger.*
PAGE 4: *a pair of babooshes embroidered with beringed feet, in Christopher Gibbs' Tangier bedroom.*
SEITE 4: *mit Perlen bestickte, in Form eines Fußes gestaltete Babuschen im Schlafzimmer von Christopher Gibbs in Tanger.*

To stay informed about upcoming TASCHEN titles, please request our magazine at www.taschen.com/magazine or write to TASCHEN, Hohenzollernring 53, D-50672 Cologne, Germany; contact@taschen.com; Fax: +49-221-254919. We will be happy to send you a free copy of our magazine, which is filled with information about all of our books.

Hohenzollernring 53, D–50672 Köln
www.taschen.com

Concept and edited by Angelika Taschen, Cologne
Design by Catinka Keul, Cologne
Layout by Christiane Blass, Angelika Taschen, Cologne
Texts edited by Susanne Klinkhamels, Christiane Blass, Cologne
English translation by Anthony Roberts, Lupiac
German translation by Stefan Barmann, Cologne

Printed in Germany
ISBN: 978–3–8365–2513–8